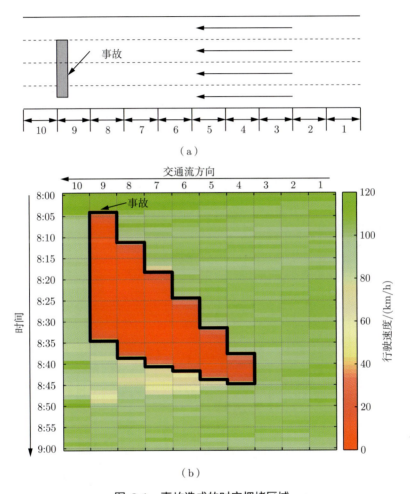

图 3.1　事故造成的时空拥堵区域

（a）道路被切分成 10 个路段且车辆从路段 1 驶向路段 10；（b）时空拥堵区域用红色标注

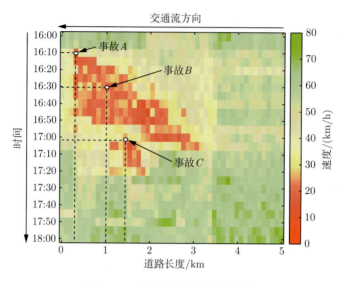

图 4.4　高峰时段的时空速度图

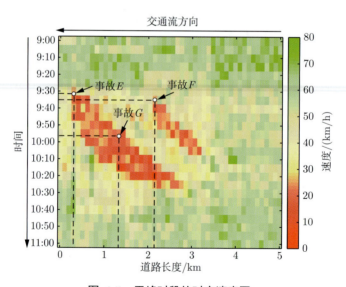

图 4.5　平峰时段的时空速度图

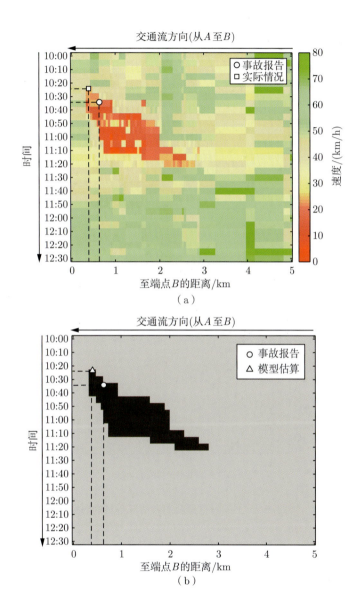

图 5.2　道路 *AB* 上的时空速度图和估算得到的时空影响区域

（a）时空速度图，圆形和正方形分别对应事故报告中的与实际的事发时间和位置；（b）受事故影响的
时空区域，圆形和三角形分别对应事故报告中的与估算的事发时间和位置

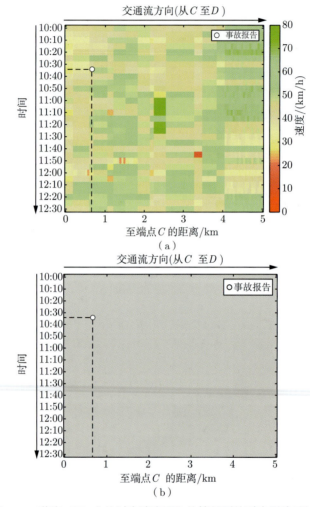

图 5.3 道路 *CD* 上的时空速度图和估算得到的时空影响区域

（a）时空速度图，圆形对应事故报告中的事发时间和位置； （b）受事故影响的时空区域，圆形对应事故报告中的事发时间和位置

清华大学优秀博士学位论文丛书

基于交通波时空传播规律的道路拥堵建模与分析

王正礼 （Wang Zhengli） 著

Modeling and Analyzing Road Congestion Based
on the Spatiotemporal Propagation
of Traffic Shockwaves

清华大学出版社
北京

内 容 简 介

本书基于交通波的时空传播规律，对道路拥堵进行模型刻画和深入分析，主要工作包括：①估算交通事故的时空影响范围；②识别与初始事故对应的次生事故；③修正事故报告中事发时间和位置的偏差；④估算信号灯路口车辆排队形成的时空拥堵区域。

本书探索了交通拥堵的形成原因，研究了交通拥堵传播的时空演变规律，刻画了交通拥堵的时空传播，为缓解交通拥堵奠定了坚实的理论基础，并有助于制定针对性的治理措施，具有非常重要的理论意义和实践价值。

图书在版编目（CIP）数据

基于交通波时空传播规律的道路拥堵建模与分析 / 王正礼著.—北京：清华大学出版社，2023.4

（清华大学优秀博士学位论文丛书）

ISBN 978-7-302-62045-7

Ⅰ.①基⋯ Ⅱ.①王⋯ Ⅲ.①城市交通-交通拥挤-交通运输管理-系统建模-研究 Ⅳ.①U491.2

中国版本图书馆 CIP 数据核字（2022）第 193406 号

责任编辑：黎 强 李双双
封面设计：傅瑞学
责任校对：王淑云
责任印制：宋 林

出版发行：清华大学出版社
      网　　址：http://www.tup.com.cn, http://www.wqbook.com
      地　　址：北京清华大学学研大厦 A 座　　　邮　　编：100084
      社 总 机：010-83470000　　　　　　　　邮　　购：010-62786544
      投稿与读者服务：010-62776969, c-service@tup.tsinghua.edu.cn
      质量反馈：010-62772015, zhiliang@tup.tsinghua.edu.cn
印 装 者：三河市东方印刷有限公司
经　　销：全国新华书店
开　　本：155mm×235mm　　　印　张：9.75　　插　页：2　　字　数：153 千字
版　　次：2023 年 4 月第 1 版　　　　　　印　次：2023 年 4 月第 1 次印刷
定　　价：79.00 元

产品编号：092601-01

一流博士生教育
体现一流大学人才培养的高度（代丛书序）^①

人才培养是大学的根本任务。只有培养出一流人才的高校，才能够成为世界一流大学。本科教育是培养一流人才最重要的基础，是一流大学的底色，体现了学校的传统和特色。博士生教育是学历教育的最高层次，体现出一所大学人才培养的高度，代表着一个国家的人才培养水平。清华大学正在全面推进综合改革，深化教育教学改革，探索建立完善的博士生选拔培养机制，不断提升博士生培养质量。

学术精神的培养是博士生教育的根本

学术精神是大学精神的重要组成部分，是学者与学术群体在学术活动中坚守的价值准则。大学对学术精神的追求，反映了一所大学对学术的重视、对真理的热爱和对功利性目标的摒弃。博士生教育要培养有志于追求学术的人，其根本在于学术精神的培养。

无论古今中外，博士这一称号都和学问、学术紧密联系在一起，和知识探索密切相关。我国的博士一词起源于 2000 多年前的战国时期，是一种学官名。博士任职者负责保管文献档案、编撰著述，须知识渊博并负有传授学问的职责。东汉学者应劭在《汉官仪》中写道："博者，通博古今；士者，辩于然否。"后来，人们逐渐把精通某种职业的专门人才称为博士。博士作为一种学位，最早产生于 12 世纪，最初它是加入教师行会的一种资格证书。19 世纪初，德国柏林大学成立，其哲学院取代了以往神学院在大学中的地位，在大学发展的历史上首次产生了由哲学院授予的哲学博士学位，并赋予了哲学博士深层次的教育内涵，即推崇学术自由、创造新知识。哲学博士的设立标志着现代博士生教育的开端，博士则被定义为

---

① 本文首发于《光明日报》，2017 年 12 月 5 日。

独立从事学术研究、具备创造新知识能力的人，是学术精神的传承者和光大者。

博士生学习期间是培养学术精神最重要的阶段。博士生需要接受严谨的学术训练，开展深入的学术研究，并通过发表学术论文、参与学术活动及博士论文答辩等环节，证明自身的学术能力。更重要的是，博士生要培养学术志趣，把对学术的热爱融入生命之中，把捍卫真理作为毕生的追求。博士生更要学会如何面对干扰和诱惑，远离功利，保持安静、从容的心态。学术精神，特别是其中所蕴含的科学理性精神、学术奉献精神，不仅对博士生未来的学术事业至关重要，对博士生一生的发展都大有裨益。

独创性和批判性思维是博士生最重要的素质

博士生需要具备很多素质，包括逻辑推理、言语表达、沟通协作等，但是最重要的素质是独创性和批判性思维。

学术重视传承，但更看重突破和创新。博士生作为学术事业的后备力量，要立志于追求独创性。独创意味着独立和创造，没有独立精神，往往很难产生创造性的成果。1929 年 6 月 3 日，在清华大学国学院导师王国维逝世二周年之际，国学院师生为纪念这位杰出的学者，募款修造"海宁王静安先生纪念碑"，同为国学院导师的陈寅恪先生撰写了碑铭，其中写道："先生之著述，或有时而不章；先生之学说，或有时而可商；惟此独立之精神，自由之思想，历千万祀，与天壤而同久，共三光而永光。"这是对于一位学者的极高评价。中国著名的史学家、文学家司马迁所讲的"究天人之际，通古今之变，成一家之言"也是强调要在古今贯通中形成自己独立的见解，并努力达到新的高度。博士生应该以"独立之精神、自由之思想"来要求自己，不断创造新的学术成果。

诺贝尔物理学奖获得者杨振宁先生曾在 20 世纪 80 年代初对到访纽约州立大学石溪分校的 90 多名中国学生、学者提出："独创性是科学工作者最重要的素质。"杨先生主张做研究的人一定要有独创的精神、独到的见解和独立研究的能力。在科技如此发达的今天，学术上的独创性变得越来越难，也愈加珍贵和重要。博士生要树立敢为天下先的志向，在独创性上下功夫，勇于挑战最前沿的科学问题。

批判性思维是一种遵循逻辑规则、不断质疑和反省的思维方式，具有批判性思维的人勇于挑战自己，敢于挑战权威。批判性思维的缺乏往往被认为是中国学生特有的弱项，也是我们在博士生培养方面存在的一个普遍问题。2001 年，美国卡内基基金会开展了一项"卡内基博士生教育创新计划"，针对博士生教育进行调研，并发布了研究报告。该报告指出：在美国和欧洲，培养学生保持批判而质疑的眼光看待自己、同行和导师的观点同样非常不容易，批判性思维的培养必须成为博士生培养项目的组成部分。

对于博士生而言，批判性思维的养成要从如何面对权威开始。为了鼓励学生质疑学术权威、挑战现有学术范式，培养学生的挑战精神和创新能力，清华大学在 2013 年发起"巅峰对话"，由学生自主邀请各学科领域具有国际影响力的学术大师与清华学生同台对话。该活动迄今已经举办了 21 期，先后邀请 17 位诺贝尔奖、3 位图灵奖、1 位菲尔兹奖获得者参与对话。诺贝尔化学奖得主巴里·夏普莱斯（Barry Sharpless）在 2013 年 11 月来清华参加"巅峰对话"时，对于清华学生的质疑精神印象深刻。他在接受媒体采访时谈道："清华的学生无所畏惧，请原谅我的措辞，但他们真的很有胆量。"这是我听到的对清华学生的最高评价，博士生就应该具备这样的勇气和能力。培养批判性思维更难的一层是要有勇气不断否定自己，有一种不断超越自己的精神。爱因斯坦说："在真理的认识方面，任何以权威自居的人，必将在上帝的嬉笑中垮台。"这句名言应该成为每一位从事学术研究的博士生的箴言。

提高博士生培养质量有赖于构建全方位的博士生教育体系

一流的博士生教育要有一流的教育理念，需要构建全方位的教育体系，把教育理念落实到博士生培养的各个环节中。

在博士生选拔方面，不能简单按考分录取，而是要侧重评价学术志趣和创新潜力。知识结构固然重要，但学术志趣和创新潜力更关键，考分不能完全反映学生的学术潜质。清华大学在经过多年试点探索的基础上，于 2016 年开始全面实行博士生招生"申请-审核"制，从原来的按照考试分数招收博士生，转变为按科研创新能力、专业学术潜质招收，并给予院系、学科、导师更大的自主权。《清华大学"申请-审核"制实施办法》明晰了导师和院系在考核、遴选和推荐上的权力和职责，同时确定了规范的流程及监管要求。

在博士生指导教师资格确认方面，不能论资排辈，要更看重教师的学术活力及研究工作的前沿性。博士生教育质量的提升关键在于教师，要让更多、更优秀的教师参与到博士生教育中来。清华大学从 2009 年开始探索将博士生导师评定权下放到各学位评定分委员会，允许评聘一部分优秀副教授担任博士生导师。近年来，学校在推进教师人事制度改革过程中，明确教研系列助理教授可以独立指导博士生，让富有创造活力的青年教师指导优秀的青年学生，师生相互促进、共同成长。

在促进博士生交流方面，要努力突破学科领域的界限，注重搭建跨学科的平台。跨学科交流是激发博士生学术创造力的重要途径，博士生要努力提升在交叉学科领域开展科研工作的能力。清华大学于 2014 年创办了"微沙龙"平台，同学们可以通过微信平台随时发布学术话题，寻觅学术伙伴。3 年来，博士生参与和发起"微沙龙"12 000 多场，参与博士生达 38 000 多人次。"微沙龙"促进了不同学科学生之间的思想碰撞，激发了同学们的学术志趣。清华于 2002 年创办了博士生论坛，论坛由同学自己组织，师生共同参与。博士生论坛持续举办了 500 期，开展了 18 000 多场学术报告，切实起到了师生互动、教学相长、学科交融、促进交流的作用。学校积极资助博士生到世界一流大学开展交流与合作研究，超过 60% 的博士生有海外访学经历。清华于 2011 年设立了发展中国家博士生项目，鼓励学生到发展中国家亲身体验和调研，在全球化背景下研究发展中国家的各类问题。

在博士学位评定方面，权力要进一步下放，学术判断应该由各领域的学者来负责。院系二级学术单位应该在评定博士论文水平上拥有更多的权力，也应担负更多的责任。清华大学从 2015 年开始把学位论文的评审职责授权给各学位评定分委员会，学位论文质量和学位评审过程主要由各学位分委员会进行把关，校学位委员会负责学位管理整体工作，负责制度建设和争议事项处理。

全面提高人才培养能力是建设世界一流大学的核心。博士生培养质量的提升是大学办学质量提升的重要标志。我们要高度重视、充分发挥博士生教育的战略性、引领性作用，面向世界、勇于进取，树立自信、保持特色，不断推动一流大学的人才培养迈向新的高度。

清华大学校长

2017 年 12 月 5 日

丛书序二

以学术型人才培养为主的博士生教育，肩负着培养具有国际竞争力的高层次学术创新人才的重任，是国家发展战略的重要组成部分，是清华大学人才培养的重中之重。

作为首批设立研究生院的高校，清华大学自 20 世纪 80 年代初开始，立足国家和社会需要，结合校内实际情况，不断推动博士生教育改革。为了提供适宜博士生成长的学术环境，我校一方面不断地营造浓厚的学术氛围，一方面大力推动培养模式创新探索。我校从多年前就已开始运行一系列博士生培养专项基金和特色项目，激励博士生潜心学术、锐意创新，拓宽博士生的国际视野，倡导跨学科研究与交流，不断提升博士生培养质量。

博士生是最具创造力的学术研究新生力量，思维活跃，求真求实。他们在导师的指导下进入本领域研究前沿，吸取本领域最新的研究成果，拓宽人类的认知边界，不断取得创新性成果。这套优秀博士学位论文丛书，不仅是我校博士生研究工作前沿成果的体现，也是我校博士生学术精神传承和光大的体现。

这套丛书的每一篇论文均来自学校新近每年评选的校级优秀博士学位论文。为了鼓励创新，激励优秀的博士生脱颖而出，同时激励导师悉心指导，我校评选校级优秀博士学位论文已有 20 多年。评选出的优秀博士学位论文代表了我校各学科最优秀的博士学位论文的水平。为了传播优秀的博士学位论文成果，更好地推动学术交流与学科建设，促进博士生未来发展和成长，清华大学研究生院与清华大学出版社合作出版这些优秀的博士学位论文。

感谢清华大学出版社，悉心地为每位作者提供专业、细致的写作和出版指导，使这些博士论文以专著方式呈现在读者面前，促进了这些最新的优秀研究成果的快速广泛传播。相信本套丛书的出版可以为国内外各相关领域或交叉领域的在读研究生和科研人员提供有益的参考，为相关学科领域的发展和优秀科研成果的转化起到积极的推动作用。

感谢丛书作者的导师们。这些优秀的博士学位论文，从选题、研究到成文，离不开导师的精心指导。我校优秀的师生导学传统，成就了一项项优秀的研究成果，成就了一大批青年学者，也成就了清华的学术研究。感谢导师们为每篇论文精心撰写序言，帮助读者更好地理解论文。

感谢丛书的作者们。他们优秀的学术成果，连同鲜活的思想、创新的精神、严谨的学风，都为致力于学术研究的后来者树立了榜样。他们本着精益求精的精神，对论文进行了细致的修改完善，使之在具备科学性、前沿性的同时，更具系统性和可读性。

这套丛书涵盖清华众多学科，从论文的选题能够感受到作者们积极参与国家重大战略、社会发展问题、新兴产业创新等的研究热情，能够感受到作者们的国际视野和人文情怀。相信这些年轻作者们勇于承担学术创新重任的社会责任感能够感染和带动越来越多的博士生，将论文书写在祖国的大地上。

祝愿丛书的作者们、读者们和所有从事学术研究的同行们在未来的道路上坚持梦想，百折不挠！在服务国家、奉献社会和造福人类的事业中不断创新，做新时代的引领者。

相信每一位读者在阅读这一本本学术著作的时候，在吸取学术创新成果、享受学术之美的同时，能够将其中所蕴含的科学理性精神和学术奉献精神传播和发扬出去。

清华大学研究生院院长

2018 年 1 月 5 日

摘　要

　　随着机动车保有量的快速增加，交通拥堵问题愈发严重。造成交通拥堵的原因不仅包括早晚高峰时段的车流增加，还包括突发的交通事故及信号灯路口的车辆排队。然而，目前人们对交通拥堵传播机制的认识还不够充分，相关的模型刻画也存在不足，这使得在制定缓解交通拥堵的措施时存在一定的盲目性。研究交通拥堵传播的时空演变规律，建立模型刻画拥堵的时空传播能够为缓解交通拥堵奠定坚实的理论基础，进而帮助管理者制定具有针对性的措施。

　　本书基于交通波的时空传播规律，对道路拥堵相关问题进行建模与分析。具体来讲，本书的研究工作主要包括如下 4 个方面。

　　（1）估算交通事故的时空影响范围。虽然已有很多研究提出不同的方法估算交通事故造成的时空影响，但是还没有研究能够确保所得的时空拥堵区域的形状满足交通波的传播规律。本研究通过建立整数规划模型来得到满足交通波传播规律的结果。数值实验结果表明，相比于同类研究中的最新模型，本书的模型不仅可以输出满足交通波传播规律的时空拥堵区域，而且可以减少 95%～98% 的求解时间。

　　（2）识别与初始事故对应的次生事故。已有研究中识别次生事故的方法大致可以分为 4 类：基于固定时空边界阈值的方法、基于排队模型的方法、基于时空速度图的方法及基于交通波传播规律的方法。然而，这 4 类方法各自存在的局限会使得识别次生事故的错误率偏高。本研究结合时空速度图中交通波的传播规律，提出了一种识别次生事故的新方法。数值实验结果表明，相比于利用固定时空边界阈值和利用时空速度图的方法，本书的方法可以减少次生事故的识别错误。

　　（3）修正事故报告中事发时间和位置的偏差。虽然已有很多研究致力于修正事故报告中存在的偏差，但是它们都只关注事发位置的偏差。本研究利用车流速度的时空演变，通过建立整数规划模型来同时修正事故报告中事发时间和位置的偏差。数值实验结果表明，本书的模型能够把平均时间偏差从 7.3 min 降到 1.6 min，降幅达 78.08%，并把平均位置偏差从 0.156 km 降到 0.024 km，降幅达 84.62%。

（4）估算信号灯路口车辆排队形成的时空拥堵区域。与已有研究仅利用三角形或多边形近似时空拥堵区域的形状不同，本研究通过建立整数规划模型来得到任何形状且满足交通波传播规律的时空拥堵区域。数值实验结果表明，即使在 10%、20% 的低车辆渗透率和 20 s、30 s 的高采样时间间隔的情况下，利用本书的模型依然能够较好地估算出时空拥堵区域。

关键词：交通波；时空演变；交通事故；时空速度图；信号灯路口

Abstract

With the rapid increase in the number of motor vehicles, the problem of traffic congestion has become more serious. The causes of traffic congestion include not only the surge in traffic flow during peak hours in the morning and evening, but also non-recurrent traffic accidents and queuing at signalized intersections. However, the current understanding on the mechanism of the propagation of traffic congestion is not sufficient and there are some deficiencies in the related models, which makes it difficult to make targeted measures to alleviate traffic congestion. It can help to lay a solid theoretical foundation for reducing traffic congestion by investigating the spatiotemporal evolution of traffic congestion and developing models to characterize such propagation, which can further help to make targeted measures to reduce traffic congestion.

This book focuses on the modeling and analysis of research problems related to road congestion based on the spatiotemporal propagation of traffic shockwaves. The main contents of this book are summarized as follows.

(1) Estimation of the spatiotemporal impact area of a traffic crash. Although existing studies all attempt to accomplish this goal, there has not been one that can guarantee such consistency. In this research, we develop an integer programming model to guarantee such consistency, which is new to the literature. Numerical experiments demonstrate that compared to the current state-of-the-art model, our model can not only output the affected region consistent with the propagation of traffic shockwaves, but also reduce 95%~98% computational time on average.

(2) Identification of secondary crashes paired with primary crashes. There has been a proliferation of studies that attempt to identify sec-

ondary crashes. These studies can be broadly classified into four types, that is, static spatiotemporal threshold-based approaches, queuing model-based approaches, speed contour plot-based approaches, and shockwave-based approaches. However, their respective limitations would lead to higher misidentification rate of secondary crashes. In this research, we propose a novel approach to identifying secondary crashes by leveraging the spatiotemporal evolution of traffic shockwaves in the speed contour plot. Numerical experiments demonstrate that our approach is capable of reducing misidentification of secondary crashes when compared to the approaches using static spatiotemporal thresholds and the approaches based on the speed contour plot.

(3) Correction of the time and location bias associated with a reported crash. Although there has been a proliferation of studies that attempt to correct the bias associated with a reported crash, most, if not all, of them focus exclusively on correcting the location bias. In this research, we develop an integer programming model to simultaneously correct the time and location bias associated with a reported crash by exploiting the spatiotemporal evolution of travel speed, which is new to the literature. Numerical experiments demonstrate that our model can reduce the average bias in time from 7.3 to 1.6 minutes, or a 78.08% reduction; and reduce the average bias in location from 0.156 kilometers to 0.024 kilometers, or a 84.62% reduction.

(4) Queue profile estimation at a signalized intersection. Unlike existing studies that use triangles or polygons to approximate the queue profile, in this research, we develop an integer programming model to estimate the queue profile at a signalized intersection by exploiting the spatiotemporal propagation of traffic shockwaves. Our model allows us to detect the queue profile of any shape, which is consistent with the propagation of traffic shockwaves. Numerical experiments demonstrate that our model is capable of producing satisfactory results even when the penetration rate is as low as 10%~20% and the sampling interval is as high as 20~30 seconds.

Key words: traffic shockwaves; spatiotemporal evolution; traffic accidents; speed contour plot; signalized intersection

主要中英对照表

NGSIM   新一代模拟 (next generation simulation)
KNN   K 最近邻 (K-nearest neighbor)
FCM   模糊 C 均值 (fuzzy C-means)
KWT   运动波理论 (kinematic wave theory)
FL   模糊逻辑 (fuzzy logic)
RTMS   远程交通微波检测器 (remote traffic microwave sensor)
GPS   全球定位系统 (global positioning system)
API   应用程序编程接口 (application programming interface)

目 录

第 1 章 导　　论

1.1　研究背景及意义

近 30 年来，随着我国的经济发展和社会进步，机动车保有量快速增加，交通拥堵问题也愈发严重。对于交通出行者而言，交通拥堵会增加出行时间，提高出行成本，降低出行质量 (顾涛 等, 2019; 章锡俏 等, 2017)。对于交通管理者而言，交通拥堵会降低道路通行效率，加大管理难度，提高治理成本 (林雄斌 等, 2015; 杨浩雄 等, 2014)。不仅如此，交通拥堵还会引发其他一系列问题，如能源消耗、尾气排放、噪声污染等 (高鹏 等, 2011; 李卫东, 2019)。交通拥堵已经引起了整个社会的广泛关注。缓解交通拥堵是我国城市发展过程中的当务之急，关系到城市乃至整个社会的可持续发展 (徐东云, 2007)。然而，目前人们对交通拥堵传播机制的认识还不够充分，相关的模型刻画也存在不足，这使得在制定缓解交通拥堵的措施时存在一定的盲目性。因此，探索交通拥堵的形成原因，研究交通拥堵传播的时空演变规律，建立模型刻画拥堵的时空传播，能够为缓解交通拥堵奠定坚实的理论基础，进而帮助管理者制定具有针对性的措施，不论是在理论层面，还是在实践层面，都具有非常重要的意义。

造成交通拥堵的原因多种多样，不仅包括早晚高峰时段的车流增加，还包括突发的交通事件，如交通事故、车辆抛锚等。前者发生的时间和位置相对固定，规律性较强，而后者发生的时间和位置比较随机，往往没有规律可循，如不及时疏导，可能会造成严重的交通拥堵，甚至局部交通瘫痪。另外，道路通行能力不足，如道路由宽变窄、道路设计不合理等，以及车辆需要在道路中的一些特定位置减速行驶，如高速公路出入口、快速路匝道口等，也可能会造成交通拥堵。除上述情形外，车辆在信号灯路口遇到红灯停车等待时，车辆的排队等候也会形成交通拥堵。

一般而言，交通拥堵最初发生在道路上的某一位置，如事故发生地或路口停车线。然后，拥堵会逐渐传播蔓延，影响其他相邻的路段。最后，局部乃至大范围路网都可能受到影响，甚至造成交通瘫痪。交通拥堵在空间中的分布可以归纳为以下 3 种类型 (谈晓洁 等，2003)：①点拥堵，指交通拥堵发生在独立的路段或交叉口，仅影响与其相连的几条路段，而未影响与其相邻的交叉口；②线拥堵，由于局部拥堵未得到及时缓解，使得拥堵在相邻的多个路段上蔓延，造成多个路段上相继产生拥堵；③面拥堵，相互连接的路段都产生拥堵，进而形成区域性的交通拥堵。

交通拥堵不仅会给人们的工作和生活带来很多不便，还会降低城市的运转效率，阻碍社会的可持续发展。缓解和预防交通拥堵是当前社会，尤其是城市发展的当务之急。探索交通拥堵的传播规律是缓解和预防交通拥堵的基础性工作，不仅对于抑制拥堵的传播蔓延和加快拥堵的消散具有非常重要的理论和实际意义，而且对进一步的交通应急处理、道路设计和交通资源优化等具有指导作用。以交通事故为例，通过探索交通事故造成拥堵的传播规律，可以估算出交通事故的时空影响范围。这不仅可以用来量化事故造成的车辆延误，还可以用来确定事故造成的最大拥堵时长和最远拥堵距离 (Chung, 2011; Chung et al., 2012, 2015b)。此外，结合事故类型、道路结构、事发时间与位置、天气等因素，还能够建立模型预测拥堵的传播 (Bouyahia et al., 2019; Chung et al., 2015b; Hojati et al., 2016)。不仅如此，利用初始事故的时空影响范围还可以完成次生事故的识别 (Chung, 2013)。再以信号灯路口车辆排队引发的拥堵为例，结合拥堵的传播规律可以估算出车辆排队形成的时空拥堵区域，这不仅有助于刻画车辆排队的时空演化过程 (Cheng et al., 2012; Ramezani et al., 2015)，还可以用来量化由车辆排队造成的延误 (Wang et al., 2018; Wu et al., 2011)。此外，估算得到的时空拥堵区域还有助于完成车辆轨迹重构 (Sun et al., 2013; Xie et al., 2018)、车辆行驶时间分解 (Hellinga et al., 2008) 以及车辆能源消耗计算 (Skabardonis et al., 2013; Sun et al., 2015)。

1.2　研究问题及方法

本书基于交通波的时空传播规律进行道路拥堵建模和分析。由于交通拥堵会随着时间的推移从初始位置往其上游路段传播，因此在估算时空拥堵区域时，需要确保其形状满足交通波的传播规律 (Chung, 2013; Chung et al., 2012, 2015b)。首先，对于交通事故而言，虽然已有很多文献提出各种各样的方法来估算事故的时空影响范围，但是还没有文献能够确保所得的时空拥堵区域的形状满足交通波的传播规律。因此，本书结合交通波的传播规律设计了一组约束条件，通过建立优化模型来确定事故造成的时空拥堵区域，以填补此项研究空白。其次，在上一项研究工作的基础上，本书利用初始事故造成的时空拥堵区域来识别与之对应的次生事故。然后，事故报告中记录的事发时间多为系统自动记录的事故报警时间且事发位置的文字描述缺乏统一文本规范，这会导致记录的事发时间和位置与实际的事发时间和位置存在偏差。目前已有文献中的研究只关注修正事发位置的偏差，还没有研究对事发时间的偏差进行修正。针对这个问题，本书建立了能够同时修正事故报告中事发时间和位置偏差的模型。最后，考虑到信号灯路口的车辆排队也会造成交通拥堵，本书结合交通波的传播规律，通过建立优化模型来估算路口车辆排队形成的时空拥堵区域。

具体而言，本书的主要内容包括以下 4 个部分。

（1）结合交通波的传播规律估算事故的时空影响范围

在估算交通事故的时空影响范围时，核心是要确保事故造成的时空拥堵区域的形状满足交通波的传播规律。本部分研究结合交通波的传播规律设计了一组约束条件，通过建立整数规划模型来得到满足交通波传播规律的结果。模型的输入包括车辆行驶速度及事故发生的时间和位置，模型的输出是事故造成的时空拥堵区域。本书严格地证明了模型的输出结果能够满足交通波的传播规律。利用仿真数据和真实数据，本书开展了数值实验以验证所建模型。实验结果表明，相比于同类研究中的最新模型，本书的模型不仅能够输出满足交通波传播规律的时空拥堵区域，而且求解效率更高。

（2）利用初始事故的时空影响范围识别次生事故

在第一项研究工作的基础上，本书利用初始事故的时空影响范围识别次生事故。估算初始事故造成的时空拥堵区域时同样需要用到车辆速度数据及事故发生的时间和位置。对于单个初始事故而言，在确定该事故造成的时空拥堵区域后，遍历时空拥堵区域中的单元格。如果后续事故的发生时间和位置落在时空拥堵区域中的某个单元格内，则判定该事故是与初始事故对应的次生事故；反之，则不是。此外，本书还把模型进行拓展以处理在选定的时空范围中存在多起初始事故的情形。利用真实数据，本书开展数值实验以验证所建模型。实验结果表明，相比于利用固定时空边界阈值和利用时空速度图的方法，本书的方法能够减少次生事故的识别错误。

（3）利用车流速度的时空演变修正事故报告中事发时间和位置的偏差

上述两项研究工作都是基于事故的发生时间和位置均已知的前提。但是，由于事故报告中记录的事发时间多为系统自动记录的事故报警时间且事发位置的文字描述缺乏统一文本规范，该事发时间和位置与实际的事发时间和位置存在偏差。本部分研究利用车流速度的时空演变，通过建立整数规划模型来同时修正事故报告中事发时间和位置的偏差。首先，根据事故报告中记录的事发位置选择可能的事发道路。然后，通过建立整数规划模型来确定事发道路及事故造成的时空拥堵区域。最后，在模型输出的时空拥堵区域中，根据最先出现速度降低的单元格对应的时间和位置来确定事发时间和位置。本书还严格地证明了即使在事发时间和位置均未知及存在多条可能事发道路的情况下，模型的输出结果仍然能够满足交通波的传播规律。利用真实数据，本书开展数值实验以验证本书的模型。实验结果表明，本书的模型可以大幅降低事发时间和位置的偏差。此外，本书还针对事故造成相反道路方向上的拥堵及在时空区域中存在多起事故的情形分别进行了拓展讨论。

（4）估算信号灯路口车辆排队形成的时空拥堵区域

本部分研究建立了整数规划模型来估算信号灯路口排队形成的时空拥堵区域。模型的输入包括浮动车的速度和位置及信号灯周期中红灯亮起的时刻。首先，根据行驶速度的高低，把浮动车产生的 GPS 数据点分为正常行驶和停车等待两种状态。然后，结合交通波的传播规律，通过建立整数规划模型来估算路口排队形成的时空拥堵区域。根据模型输出的时空拥堵区域，本书还可以进一步计算队列长度。最后，利用仿真数据和NGSIM 数据，本书开展数值实验以验证所建模型。实验结果表明，即使在低车辆渗透率和高采样时间间隔的情况下，利用本书的模型依然能够较好地估算出时空拥堵区域。

1.3　研　究　贡　献

本研究的贡献总结如下。

（1）结合交通波的传播规律估算事故的时空影响范围

本项研究的贡献概括如下：①结合交通波的传播规律设计一组约束条件，通过建立整数规划模型来估算事故的时空影响范围；②严格证明了所建模型的结果能够满足交通波传播规律；③相比于同类研究中的最新模型 (Chung et al., 2012)，本书的模型求解效率更高；④利用仿真数据和真实数据进行数值实验，结果表明，本书的模型能够输出满足交通波传播规律的时空拥堵区域，而且比同类研究中的最新模型减少了 95%~98%的求解时间。

（2）利用初始事故的时空影响范围识别次生事故

本项研究的贡献概括如下：①把利用时空速度图和利用交通波传播规律的方法结合起来，通过建立优化模型来完成次生事故的识别；②对估算单起事故造成的时空拥堵区域的模型进行拓展，以处理在选定的时空范围中存在多起初始事故的情形；③模型输出的时空拥堵区域的形状能够满足交通波传播规律；④利用实际数据进行数值实验，结果表明，相比于利用固定时空边界阈值和利用时空速度图的方法，本书所建的模型可以减少次生事故的识别错误。

（3）利用车流速度的时空演变修正事故报告中事发时间和位置的偏差

本项研究的贡献概括如下：①在同类研究工作中，首次实现同时修正事故报告中事发时间和位置偏差；②结合各条可能事发道路上车流速度的时空演变，建立整数规划模型来确定最终的事发道路，并根据模型输出的时空拥堵区域中速度最先开始减低时对应的单元格来修正事故报告中事发时间和位置的偏差；③严格证明了即使在事发时间和位置均未知以及存在多条可能事发道路的情况下，所建模型的输出结果依然满足交通波的传播规律；④利用实际数据进行数值实验，结果表明本书的模型可以把平均时间偏差从 7.3 min 降到 1.6 min，降幅达 78.08%，并把平均位置偏差从 0.156 km 降到 0.024 km，降幅达 84.62%。

（4）估算信号灯路口车辆排队形成的时空拥堵区域

本项研究的贡献概括如下：①结合交通波的传播规律，通过建立整数规划模型来估算信号灯路口车辆排队形成的时空拥堵区域；②与已有文献仅利用三角形或多边形近似时空拥堵区域的形状不同，利用本书的模型可以得到任何形状且满足交通波传播规律的时空拥堵区域；③针对在低车辆渗透率和高采样时间间隔下 GPS 数据点稀疏的情况，本书模型能够对信号灯周期中时空拥堵区域进行分类，并利用同一类型中的 GPS 数据点完成时空拥堵区域的估算；④利用仿真数据和 NGSIM 数据进行数值实验，结果表明，本书的模型即使在 10%、20% 的低浮动车渗透率和 20 s、30 s 的高采样时间间隔的情况下，依然能够较好地估算出时空拥堵区域。

1.4　本书框架

本书的内容按照如图 1.1 所示的框架结构展开。第一，介绍本书的研究背景和意义，提出所要研究的问题，并对相关文献进行综述。第二，结合交通波的传播规律估算事故的时空影响范围。第三，利用初始事故的时空影响范围识别次生事故。上述两项研究工作都基于事故发生的时间和位置均已知的前提，然而事故报告中记录的事发时间和位置与实际的事发时间和位置会存在偏差。第四，利用车流速度的时空演变修正事故报告中事发时间和位置偏差。考虑到在信号灯路口，车辆排队也会造成拥堵，接下来完成的是估算信号灯路口车辆排队形成的时空拥堵区域。第五，对全书进行总结。本书共由 7 章组成，每章的具体内容概括如下。

第 1 章介绍本书的研究背景和意义、研究内容和方法、研究贡献和行文框架。

第 2 章针对本书研究的具体问题，对现有文献进行回顾，分别综述与估算交通事故的时空影响范围、识别与初始事故对应的次生事故、确定交通事故的发生位置及估算信号灯路口的车辆排队长度相关的文献，

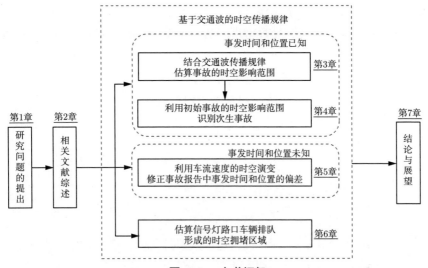

图 1.1　本书框架

并指出现有研究存在的局限。

第 3 章介绍结合交通波传播规律估算事故的时空影响范围。首先，结合事故发生时交通波的传播规律，构建约束条件和目标函数，建立整数规划模型估算事故造成的时空拥堵区域。然后，证明模型输出的结果能够满足交通波的传播规律。最后，利用仿真数据和真实数据进行数值实验，并与同类研究中的最新模型进行对比，以验证所建立的模型。

第 4 章介绍利用初始事故的时空影响范围识别次生事故。首先，确定初始事故造成的时空拥堵区域。然后，根据次生事故是否发生在初始事故造成的时空拥堵区域内，判断后续事故是否为与初始事故对应的次生事故。最后，利用实际数据进行数值实验，并与文献中其他研究方法进行对比，以验证所提出的识别次生事故的方法。

第 5 章介绍利用车流速度的时空演变修正事故报告中事发时间和位置的偏差。首先，利用车流速度的时空演变，构建约束条件和目标函数，建立整数规划模型确定事故发生的时间和位置。然后，证明即使在事发时间和位置均未知及存在多条可能事发道路的情况下，模型的输出结果依然满足交通波的传播规律。最后，利用实际数据进行数值实验，并与事故报告中记录的信息进行对比，以验证所建立的模型。

第 6 章介绍估算信号灯路口车辆排队形成的时空拥堵区域的方法。

首先,结合信号灯路口车辆排队时交通波的传播规律,构建约束条件和目标函数,建立整数规划模型估算信号灯路口车辆排队形成的时空拥堵区域。然后,利用仿真数据和 NGSIM 数据进行数值实验,并展示模型在不同车辆渗透率和采样时间间隔下的结果,以验证所建立的模型。

第 7 章对全书进行总结,并对未来研究提出展望。

第 2 章　概　　述

本章针对本书的 4 个研究问题，分别对相关文献进行回顾。2.1 节介绍与估算交通事故造成的时空影响范围相关的文献。2.2 节介绍与识别次生事故相关的文献。2.3 节介绍与确定交通事故的发生位置相关的文献。2.4 节介绍与估算信号灯路口的车辆排队长度相关的文献。2.5 节对本章内容进行总结。

2.1　估算交通事故的时空影响范围

交通事故的时空影响范围可以用事故造成的时空拥堵区域来刻画。在估算交通事故的时空影响范围时，核心是要确保时空拥堵区域的形状满足交通波传播过程中应遵循的 3 条规则 (Chung, 2013; Chung et al., 2012, 2015b)。这 3 条规则概括如下。

规则 1：交通波在时空上的传播必须是不间断的。也就是说，在时空速度图中，每一行和每一列受到事故影响的单元格都应是连续的，能构成单一的群簇。

规则 2：随着时间的推移，交通波的空间边界必须是逆着交通流方向往上游路段移动。对于一个给定的时刻而言，交通波的空间边界对应受事故影响的最下游和最上游的路段。

规则 3：受事故影响的时空区域的边界必须是连续不断的。对于一个事故而言，其造成的时空拥堵区域不会被分成两个子区域。

虽然已有很多研究提出各种各样的方法来确定事故造成的时空拥堵区域，但是还没有研究能够确保得到的时空拥堵区域的形状满足上述 3 条规则。具体而言，Chung 等 (2012, 2015b) 和 Chung (2013) 提出的整

数规划模型可能会输出违背规则 3 的结果。Du 等 (2016) 提出的基于人
工神经网络的方法可能会产生违背规则 3 的结果。Chen 等 (2016) 利用
K 最近邻 (K-Nearest Neighbor, KNN) 算法来确定事故造成的时空拥堵
区域，但是得到的结果可能会违背规则 1。Yang 等 (2017b) 在 Chen 等
(2016) 的基础上，提出基于模糊 C 均值 (Fuzzy C-Means, FCM) 聚类的
方法，但是得到的时空拥堵区域同样可能会违背规则 1。为了使得到的结
果满足上述规则，Chou 等 (2009) 和 Snelder 等 (2013) 分别利用四边形和
平行四边形来近似由事故造成的时空拥堵区域，但是这些方法只采用特
定的形状来近似，会与实际情形存在较大误差。另外，还有一些研究是基
于运动波理论的 (kinematic wave theory, KWT; Chow, 1976; Heydecker,
1994; Lighthill et al., 1955; Martin et al., 1967; Wirasinghe, 1978)，但是
这些研究需要诸如车辆密度和道路容量的额外数据。Anbaroglu 等 (2014,
2015) 的研究和本节研究也存在一些关联，他们利用车辆的旅行时间来探
测非常发的拥堵。

2.2　识别与初始事故对应的次生事故

次生事故是指发生在初始事故所影响的时空范围内的事故 (Chung,
2013; Owens et al., 2010; Yang et al., 2017a)。如表 2.1 所示，根据所采
用方法的不同，识别与初始事故对应的次生事故的相关文献大致可以分
为如下四类。

表 2.1　识别次生事故的相关文献总结

文献	识别次生事故的方法			
	固定的时空 边界阈值	排队 模型	时空 速度图	交通波 传播
Raub (1997)	√			
Karlaftis et al. (1999)	√			
Moore et al. (2004)	√			
Hirunyanitiwattana et al. (2006)	√			
Sun et al. (2007)		√		
Zhan et al. (2008)	√			
Khattak et al. (2009)	√			

续表

文献	识别次生事故的方法			
	固定的时空 边界阈值	排队 模型	时空 速度图	交通波 传播
Zhan et al. (2009)		√		
Sun et al. (2010)		√		
Zhang et al. (2010)		√		
Chang et al. (2011)	√			
Vlahogianni et al. (2012)		√		
Green et al. (2012)	√			
Chung (2013)			√	
Yang et al. (2013a)			√	
Yang et al. (2013b)			√	
Yang et al. (2013c)			√	
Imprialou et al. (2014a)		√		
Yang et al. (2014a)			√	
Zheng et al. (2014)				√
Jalayer et al. (2015)	√			
Tian et al. (2016b)	√			
Park et al. (2016a)			√	
Park et al. (2016b)			√	
Mishra et al. (2016)				√
Wang et al. (2016)				√
Park et al. (2017)			√	
Yang et al. (2017b)			√	
Sarker et al. (2017)				√

（1）利用固定的时空边界阈值识别与初始事故对应的次生事故。这类研究先是利用固定的时空边界阈值来界定受初始事故影响的时空区域。在初始事故的发生时间和位置已知的情况下，后续事故若位于初始事故的时空影响区域中，则被视为与该初始事故对应的次生事故。这个想法最早是由 Raub (1997) 提出的，按照 Raub (1997) 的做法，若后续事故的发生位置位于初始事故发生位置的上游 1 mi（1 mi≈1.609 km）内，而且事发时间在初始事故被清空时刻后的 15 min 内，该后续事故即被视为与该初始事故对应的次生事故。随后，很多研究 (Chang et al., 2011; Green et al., 2012; Hirunyanitiwattana et al., 2006; Jalayer et al., 2015; Karlaftis et al., 1999; Khattak et al., 2009; Moore et al., 2004; Tian et al., 2016b; Zhan et al., 2008) 利用与 Raub (1997) 相似的识别方法，只是采用了不同的时间或空间边界阈值。虽然这些方法能够用于识别次生事故，但是它们存在两方面的局限：①当时空边界阈值的取值偏大时，不少事故会被错误地判定为与初始事故对应的次生事故；②当时空边界阈值的取值偏小时，不少原本是由初始事故引起的次生事故无法被识别出来 (Imprialou et al., 2014a; Wang et al., 2016)。

（2）利用排队模型识别与初始事故对应的次生事故。这类研究是利用排队模型来刻画受初始事故影响的时空区域的动态演变过程，并根据该时空区域进行次生事故的识别 (Imprialou et al., 2014a; Sun et al., 2007, 2010; Vlahogianni et al., 2012; Zhan et al., 2009; Zhang et al., 2010)。总的来讲，这类研究是利用车辆到达率和离开率、事故时长、车道容量以及行驶速度，通过建立函数来估算车辆的排队长度 (Yang et al., 2017b)。这类研究虽然能够刻画出受初始事故影响的时空区域的动态演变过程，并且识别结果的准确率比利用固定时空边界阈值的方法有一定的提升，但是也存在两方面的局限：①无法提出一种可被广泛使用的函数形式，针对不同的路段，需要建立不同的函数形式；②很难获取建立上述函数所需要的全部数据 (Yang et al., 2017b)。

（3）利用时空速度图识别与初始事故对应的次生事故。近些年来，不少研究利用时空速度图来识别次生事故 (Chung, 2013; Goodall, 2017; Park et al., 2016a, 2016b, 2017, 2018; Yang et al., 2013a, 2013b, 2013c, 2014a, 2017a, 2017b)。总的来讲，这类研究首先利用预先设定的时间间隔和路段长度把时空区域切分成很多单元格，然后在初始事故的发生时间和位置附近构建时空速度图，并确定受初始事故影响的时空区域。事发时间和位置位于该时空区域中的后续事故即被视为由初始事故引起的次生事故。虽然这类研究利用了不同的方法去确定受初始事故影响的时空区域，但是它们得到的受初始事故影响的时空区域都无法满足交通波的传播规律 (Wang et al., 2018)，而这会导致识别结果的错误率偏高。

（4）利用交通波的传播识别与初始事故对应的次生事故。这类研究针对交通波的产生和消散过程，利用交通流量和密度计算交通波产生和消散的速度，并假定受初始事故影响的时空区域是三角形 (Mishra et al.,

2016; Sarker et al., 2017; Wang et al., 2016, 2019; Zheng et al., 2014)。然而，这类研究存在的局限是只采用特定的形状来近似受初始事故影响的时空区域，得到的结果会与实际情形存在较大出入，而这同样会导致识别结果的错误率偏高。

2.3 确定交通事故的发生位置

交通事故的相关信息通常是由事故车辆驾驶人报警陈述或由到达现场的交通警察记录。事故报告中的事故位置一般采用以下几种方式记录 (Imprialou et al., 2014b)：①记录一些明显的空间变量，如道路名称和类型、路口名称、事发位置至路口的距离等；②记录事故周围的参照物，如地标建筑、立交桥等，以及事发位置至参照物的大致距离；③使用 GPS 或其他网格坐标系统记录事故位置所在的坐标。由于事故报告中记录的信息可能有误以及记录坐标的设备精度有限，仅根据事故报告中记录的信息不能准确地知道事故的发生位置。因此，很多研究根据事故报告的相关信息，采用不同的方法确定事故的发生位置。

表 2.2 对确定交通事故的发生位置的相关文献进行了总结。本书首先介绍使用事故位置坐标信息完成道路匹配的相关文献。早期的文献主要是根据报告的事故位置与邻近道路的距离来确定事故位置所在的道路。例如，Austin (1995) 根据预先设定的半径，绘制以报告的事故位置为中心的圆来确定可能的事发道路，而 Levine 等 (1995) 则把事故匹配到最近的路口。Loo (2006) 把路名筛选加入事故和道路的匹配过程中。当车辆行驶方向的信息能够被获取时，一些更为复杂的新方法被提出。例如，Wang 等 (2009) 根据报告的事故位置到每条可能的道路的垂直距离及车辆行驶方向与道路方向之间的角度，提出一种加权评分方案来确定事故发生在各条道路上的概率，并把报告的事故位置垂直映射到道路的交点确定为事故的发生位置。Deka 等 (2014) 综合考虑道路名称、道路类型、行驶方向及记录的事发位置，利用人工神经网络确定事发路段。这个思路被后续的一些研究进行了拓展。例如，Imprialou 等 (2014b) 利用模糊逻辑 (fuzzy logic, FL) 来确定事发路段，Imprialou 等 (2015) 建立多层逻辑回归模型来确定事发路段。

表 2.2   确定事故的发生位置的相关文献总结

文献	事故坐标匹配法	线性参照法	路口偏差法	地址解析法
Austin (1995)	√			
Levine et al. (1995)	√			
Loo (2006)	√			
Geurts et al. (2006)		√		
Monsere et al. (2006)		√		
Dutta et al. (2007)			√	
Wang et al. (2009)	√			
Tarko et al. (2009)				√
Qin et al. (2013)			√	
Burns et al. (2014)				√
Deka et al. (2014)	√			
Imprialou et al. (2014b)	√			
Imprialou et al. (2015)	√			

另外，还有一些方法被用于确定事故的发生位置，包括线性参照法
(Geurts et al., 2006; Monsere et al., 2006)、路口偏差法 (Dutta et al.,
2007; Qin et al., 2013)、地址解析法 (Burns et al., 2014; Tarko et al.,
2009)。线性参照法是根据事故报告中记录的里程碑信息，把事故位置确
定在道路上两个里程碑之间。路口偏差法是根据事故报告中记录的事发
道路名称和类型、附近路口等信息，利用字符匹配的算法把事故对应到附
近的路口。地址解析法是根据事故报告中事发位置的文字描述，利用地址
解析工具获取事故位置所在的经纬度坐标，如谷歌地图提供的应用程序
接口 (application programming interface, API)。

不难发现，上述文献只关注确定事故的发生位置。然而，事故报告
中记录的事发时间也可能与实际的事发时间存在偏差 (Imprialou et al.,
2019)。目前，还没有文献提出方法修正事发时间存在的偏差。

2.4   估算信号灯路口的车辆排队长度

在信号灯路口，当红灯亮起时，车辆需停车排队等待，并从停车线
处向上游方向形成队列。关于信号灯路口排队长度估算的研究大致可以

分为两类：输入输出模型和交通波模型 (Ban et al., 2011; Cheng et al., 2012; Parmar et al., 2020; Ramezani et al., 2015; Zhao et al., 2019)。

输入输出模型是根据车辆的累计进出计算队列长度。该模型最早由 Webster (1958) 提出，后来又有一些研究在此基础上进行拓展 (Newell, 1965; Sharma et al., 2007; Strong et al., 2006; Vigos et al., 2008)。具体来讲，基于输入输出模型的研究是利用道路上车辆探测器记录进入和离开路口的车辆数，并根据进入和离开的车辆数差值确定停留在路口的车辆数，进而估算出路口车辆排队长度。然而，这类研究存在一个很明显的局限，即当队列末端在车辆探测器覆盖的范围外时，由于末端的车辆无法被探测到，根据车辆的进入计算得到的队列长度会有很大的误差 (Liu et al., 2009a; Skabardonis et al., 2008)。另外，输入输出模型无法提供车辆排队的时空演变过程 (Liu et al., 2009a; Ramezani et al., 2015)，进而也就无法确定车辆排队形成的时空拥堵区域。

交通波模型最早由 Lighthill 等 (1955) 和 Richards (1956) 提出，然后被后来的一些研究应用到信号灯路口 (Ban et al., 2011; Liu et al., 2009a; Michalopoulos et al., 1981; Skabardonis et al., 2008)。在这类研究中，排队过程分为队列的形成过程和消散过程，它们共同刻画出队列的时空演变过程 (Cheng et al., 2012; Ramezani et al., 2015)。其中的部分研究假设车辆的到达过程已知，如 Cheng 等 (2012)、Ban 等 (2011) 及 Cheng 等 (2011)。然而，Liu 等 (2009a) 指出这样的假设在很多情况下是无法被满足的。为了克服这个局限，一些利用额外数据的新方法相继被提出。例如，Liu 等 (2009a) 利用车辆探测器的占用时间来估算信号灯路口排队过程中的实时队长。Wu 等 (2011) 在交通波消散速度已知的前提下，建立模型来估算信号灯路口排队过程对应的时空拥堵区域。Ramezani 等 (2015) 利用车辆的加速度和减速度，提出一种数据挖掘的方法来确定队列形成过程对应的分段线性函数及队列消散过程对应的线性函数。然而，这些研究只是利用三角形或多边形来近似路口排队过程对应的时空拥堵区域，会与实际情形存在较大出入。

除了上述基于输入输出模型和交通波模型的研究外，还有一些研究尝试给出队长估算的解析解 (Comert, 2013, 2016; Comert et al., 2009)。例如，Comert (2013) 在车辆到达率、车辆渗透率及信号灯周期时长均已知的前提下，给出了信号灯周期中队列长度的解析解。Comert (2013) 进一步分析了在上述参数未知的情况下，队列长度估算误差与车辆渗透率的关系。

2.5　本章小结

　　本章对本书所要研究的 4 个问题进行了文献综述，包括估算交通事故的时空影响范围、识别与初始事故对应的次生事故、确定事故的发生位置及估算信号灯路口的车辆排队长度。除了总结各领域的研究现状外，本章还指出了现有研究存在的局限。具体而言，在与估算交通事故形成的时空影响范围相关的文献中，虽然很多研究提出了各种各样的方法来确定事故造成的时空拥堵区域，但是还没有研究能够确保得到的时空拥堵区域的形状满足交通波的传播规律。在识别与初始事故对应的次生事故的相关文献中，4 类研究方法各自存在的局限会使次生事故识别错误率偏高。在与确定事故的发生位置相关的文献中，现有的研究只关注事故报告中事发位置存在的偏差，而忽略了事发时间的偏差。在与估算信号灯路口的车辆排队长度相关的文献中，基于输入输出模型的研究会因为队尾车辆探测器的缺失而产生较大的计算误差，基于交通波模型的研究会因为数据或前提假设的限制而无法被广泛应用。本书接下来的内容会针对上述文献综述，用 4 个研究专题介绍本书的主要工作。

第 3 章　结合交通波的传播规律估算事故的时空影响范围

3.1　本章引言

道路上突发的交通事故会阻碍车辆的正常行驶并降低道路系统的运行效率。在已有的文献中，很多研究致力于利用车辆速度数据及已知的事故发生时间和位置来估算交通事故的时空影响范围 (Chung, 2011, 2013; Chung et al., 2012, 2015b)。事故的时空影响范围可以用事故造成的时空拥堵区域来刻画。获得事故的时空影响范围不仅有助于量化事故造成的拥堵时长，还可以用于确定事故造成的最大拥堵时长和最远拥堵距离。另外，结合事故类型、道路几何结构、事发时间和天气状况等因素，可以进一步建立模型来预测事故造成的拥堵在时空区域中的演变过程 (Bouyahia et al., 2019; Chung et al., 2015b; Hojati et al., 2016)。

交通事故造成的时空影响可以在时空速度图中表示 (Chung et al., 2012)。以图 3.1（a）所示的道路为例，该道路被分为 10 个路段，这些路段从上游到下游依次被标记为 1，2，⋯，10，车辆从路段 1 驶向路段 10。在 8:05，路段 9 上发生了一起交通事故，而且该事故在 8:35 被清除。图 3.1（b）是 8:00—9:00 的时空速度图，在该图中，横轴表示路段，纵轴表示时间。对于给定的路段和时间间隔，可以在时空速度图中对应一个时空单元格。单元格的颜色表示在对应的时间间隔内经过路段的车辆平均速度的高低。具体而言，当事故发生时，产生的拥堵会随时间往上游路段传播，车辆平均速度会降低，受到事故影响的单元格的颜色会变红。当事故的影响消散后，车辆平均速度会恢复正常，单元格的颜色会变绿。图 3.1（b）中的加粗黑线是事故造成的时空拥堵区域的边界。

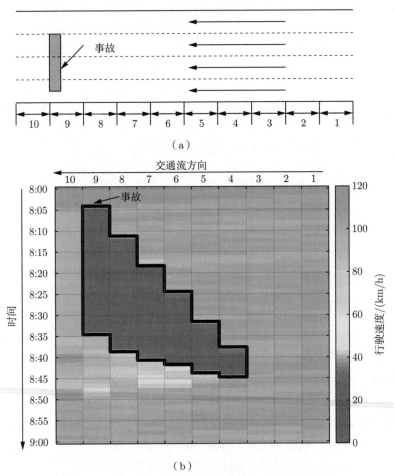

图 3.1　　事故造成的时空拥堵区域（见文前彩图）

（a）道路被切分成 10 个路段且车辆从路段 1 驶向路段 10；（b）时空拥堵区域用红色标注

　　根据 2.1 节文献综述可知，虽然已有很多研究提出不同的方法来估算事故造成的时空影响，但是还没有研究能够确保得到的时空拥堵区域的形状满足交通波的传播规律。本章结合交通波的传播规律设计了一组约束条件，通过建立整数规划模型来估算事故的时空影响范围。输入包括道路上车辆的行驶速度及事故发生时间和位置。通过求解模型，可以得到事故造成的时空拥堵区域，并且该时空拥堵区域的形状满足交通波的传播规律。本书严格地证明了模型的输出结果能够满足交通波传播规律对应的 3 条规则。这 3 条规则在已有研究中已被提及（Chung et al.,

2012, 2015b)，而且本书在 3.2 节中会进行详述。本书还将上述模型与同类研究中的最新模型 (Chung et al., 2012) 进行对比，发现相比于 Chung 等 (2012) 的模型，本书的模型能够大幅减少约束条件的数目。最后，本书利用仿真数据和真实数据进行数值实验，并将本书的模型与 Chung 等 (2012) 的模型进行对比，发现本书的模型不仅能够输出满足交通波传播规律的时空拥堵区域，而且可以减少 95%~98% 的求解时间。

　　本章结构如下：3.2 节介绍事故引起的交通波的传播规律；3.3 节介绍本书建立的整数规划模型，包括变量定义、约束条件和目标函数；3.4 节介绍模型的性质及对这些性质的证明；3.5 节介绍利用仿真数据和实际数据进行的数值实验，并通过和 Chung 等 (2012) 的模型进行对比来验证本书的模型；3.6 节对本章内容进行总结。

3.2　交通波的传播规律

　　受事故影响的时空区域的形状应满足交通波的传播规律。图 3.2（a）是这种时空区域的一个示例，在该图中，事故在时间间隔 1 内发生在路段 11 上，其造成的拥堵随着时间推移逐渐向上游路段传播，直至时间间隔 12 传播到路段 3。对于事故形成的交通波而言，其传播规律可以用以下 3 条规则来表示。

　　规则 1：交通波在时空上的传播必须是不间断的。也就是说，在时空速度图中，每一行和每一列受影响的单元格都应是连续的，能组成单一的群簇。图 3.2（b）是违背规则 1 的一个示例。在时间间隔 9 对应的行中，受事故影响的单元格被分为两个群簇。第一个群簇由路段 9 和路段 8 对应的单元格组成，第二个群簇由路段 5 对应的单元格组成。类似地，在路段 7 对应的列中，受事故影响的单元格也被分为两个群簇，第一个群簇由时间间隔 8 对应的单元格组成，第二个群簇由时间间隔 10 对应的单元格组成。

　　规则 2：随着时间的推移，交通波的空间边界必须是逆着交通流方向往上游路段移动。对于一个给定的时间间隔，事故引起的交通波的空间边界对应受事故影响的最下游和最上游的路段。如图 3.2（a）所示，在时间间隔 7，交通波的下游和上游空间边界分别对应路段 10 和路段 8。图

3.2（c）是违背这条规则的一个示例，在该图中，第一个违背规则 2 的地方发生在时间间隔 5。具体来讲，在时间间隔 4，事故引起的交通波的上游空间边界是路段 9，而在时间间隔 5，交通波的上游空间边界移动到下游路段 10，这种情形在实际中是不可能发生的。第二个违背规则 2 的地方发生在时间间隔 9。具体来讲，在时间间隔 8，事故引起的交通波的下游空间边界是路段 9，而在时间间隔 9，交通波的下游空间边界移动到下游路段 10，这种情形在实际中也是不可能发生的。

　　规则 3：受事故影响的时空区域的边界必须是连续不断的。图 3.2（d）是违背规则 3 的一个示例，在该图中，受事故影响的时空区域不是连续的，而是分成了两个独立的子区域。

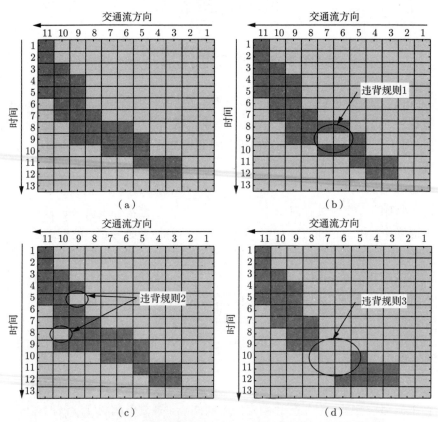

图 3.2　受事故影响的时空区域以及分别违背 3 条规则的示例图

（a）受事故影响的时空区域；（b）违背规则 1；

（c）违背规则 2；（d）违背规则 3

3.3　优 化 模 型

本节将详细介绍用以估算交通事故的时空影响范围的优化模型。其中，3.3.1 节介绍符号与定义，3.3.2 节介绍约束条件，3.3.3 节介绍目标函数。

3.3.1　符 号 与 定 义

本节用到的符号及定义参考了已有文献 (Chung et al., 2012)。对于一个给定的道路，我们将其切分成 J 个路段，并按照从上游到下游的顺序把它们依次标记为 $1, \cdots, j, \cdots, J$。类似地，我们把时间切分成 M 个时间间隔，并按照从前往后的时间顺序把它们依次标记为 $1, \cdots, m, \cdots, M$。$s_{j,m}$ 表示在时间间隔 m 内经过路段 j 的车辆行驶速度。利用无事故发生情况下的历史速度数据，可以计算出 $s_{j,m}$ 的均值（$\bar{s}_{j,m}$）和标准差（$\sigma_{j,m}$）。由此可以得到如图 3.3 所示的无事故发生情况下的时空速度矩阵。

时间	路段 (交通流方向 ←)				
	J	$\cdots$	j	$\cdots$	1
1	$\bar{s}_{J,1}, \sigma_{J,1}$	$\cdots$	$\bar{s}_{j,1}, \sigma_{j,1}$	$\cdots$	$\bar{s}_{1,1}, \sigma_{1,1}$
2	$\bar{s}_{J,2}, \sigma_{J,2}$	$\cdots$	$\bar{s}_{j,2}, \sigma_{j,2}$	$\cdots$	$\bar{s}_{1,2}, \sigma_{1,2}$
3	$\bar{s}_{J,3}, \sigma_{J,3}$	$\cdots$	$\bar{s}_{j,3}, \sigma_{j,3}$	$\cdots$	$\bar{s}_{1,3}, \sigma_{1,3}$
$\vdots$	$\vdots$		$\vdots$		$\vdots$
m	$\bar{s}_{J,m}, \sigma_{J,m}$	$\cdots$	$\bar{s}_{j,m}, \sigma_{j,m}$	$\cdots$	$\bar{s}_{1,m}, \sigma_{1,m}$
$\vdots$	$\vdots$		$\vdots$		$\vdots$
M	$\bar{s}_{J,M}, \sigma_{J,M}$	$\cdots$	$\bar{s}_{j,M}, \sigma_{j,M}$	$\cdots$	$\bar{s}_{1,M}, \sigma_{1,M}$

图 3.3　无事故发生情况下的时空速度矩阵

$\bar{s}_{j,m}$ 和 $\sigma_{j,m}$ 分别表示在无事故发生的历史日期中，在时间间隔 m 内经过路段 j 的车辆速度的均值和标准差

假设在时间间隔 1 内，路段 J 上发生了一起交通事故，我们会计算出此时 $s_{j,m}$ 的对应值（$\hat{s}_{j,m}$）。由此可以得到如图 3.4 所示的有事故发生情况下的时空速度矩阵。如果 $\hat{s}_{j,m}$ 显著小于 $\bar{s}_{j,m}$，如 $\hat{s}_{j,m} \leqslant \bar{s}_{j,m} - \alpha\sigma_{j,m}$（$\alpha$ 是数值大于 0 的参数），可以初步认为单元格 $\langle j,m \rangle$ 受到事故影响。因此，结合速度数据和参数 α，我们定义如下的二元指示变量 $P_{j,m}$ 来表示

当有事故发生时，在时间间隔 m 内经过路段 j 的车辆速度是否显著低于无事故发生情况下的平均车辆速度：

$$P_{j,m} = \begin{cases} 1, & \hat{s}_{j,m} \leqslant \bar{s}_{j,m} - \alpha\sigma_{j,m} \\ 0, & \hat{s}_{j,m} > \bar{s}_{j,m} - \alpha\sigma_{j,m} \end{cases} \tag{3-1}$$

时间	路段 (交通流方向 ←)				
	J	$\cdots$	j	$\cdots$	1
1	$\hat{s}_{J,1}$	$\cdots$	$\hat{s}_{j,1}$	$\cdots$	$\hat{s}_{1,1}$
2	$\hat{s}_{J,2}$	$\cdots$	$\hat{s}_{j,2}$	$\cdots$	$\hat{s}_{1,2}$
3	$\hat{s}_{J,3}$	$\cdots$	$\hat{s}_{j,3}$	$\cdots$	$\hat{s}_{1,3}$
$\vdots$	$\vdots$		$\vdots$		$\vdots$
m	$\hat{s}_{J,m}$	$\cdots$	$\hat{s}_{j,m}$	$\cdots$	$\hat{s}_{1,m}$
$\vdots$	$\vdots$		$\vdots$		$\vdots$
M	$\hat{s}_{J,M}$	$\cdots$	$\hat{s}_{j,M}$	$\cdots$	$\hat{s}_{1,M}$

图 3.4　有事故发生情况下的时空速度矩阵

$\hat{s}_{j,m}$ 表示当有事故发生时，在时间间隔 m 内经过路段 j 的车辆速度

按照上述 $P_{j,m}$ 的定义，$P_{j,m}=1$ 表示当有事故发生时，单元格 $\langle j, m \rangle$ 对应的车辆速度显著小于无事故时的平均值。图 3.5 给出了 $P_{j,m}$ 取值的一个示例，图中，$P_{j,m}=1$ 对应的单元格被标注为深灰色，加粗黑线表示实际受到事故影响的时空区域的边界。由于数据受噪声和其他一些外部因素影响，因此这些深灰色单元格组成的时空拥堵区域的形状可能并不满足交通波的传播规律 (Chung et al., 2012)。为了得到受事故影响的时空区域，我们定义如下二元决策变量来表示单元格是否真正受到事故影响：

$$\delta_{j,m} = \begin{cases} 1, & \text{如果单元格 } \langle j, m \rangle \text{ 真正受到事故影响} \\ 0, & \text{反之} \end{cases} \tag{3-2}$$

$\delta_{j,m}$ 的值是通过求解由 3.3.2 节中的约束条件与 3.3.3 节中的目标函数构成的整数规划模型而得。考虑到交通事故在时间间隔 1 内发生在路段 J 上，我们需要把 $\delta_{J,1}$ 的值设为 1。另外，当 $j \notin \{1, 2, \cdots, J\}$ 或 $m \notin \{1, 2, \cdots, M\}$ 时，$\delta_{j,m}$ 的值被设为 0。上述设置可被视为模型的边界条件。

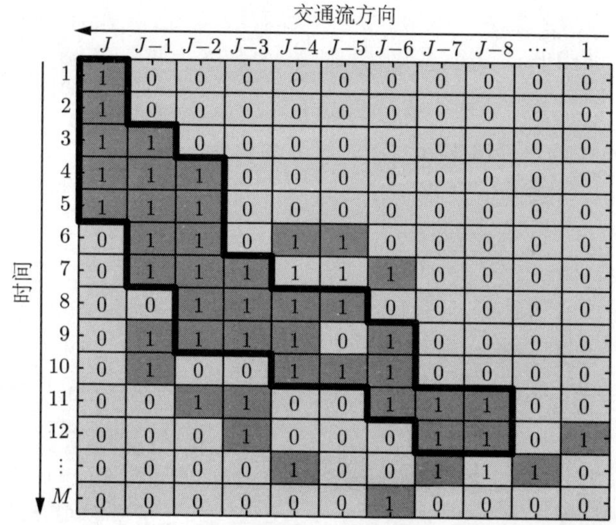

交通流方向

	J	J−1	J−2	J−3	J−4	J−5	J−6	J−7	J−8	⋯	1
1	1	0	0	0	0	0	0	0	0	0	0
2	1	0	0	0	0	0	0	0	0	0	0
3	1	1	0	0	0	0	0	0	0	0	0
4	1	1	1	0	0	0	0	0	0	0	0
5	1	1	1	1	0	0	0	0	0	0	0
6	0	1	1	0	1	1	0	0	0	0	0
7	0	1	1	1	1	1	1	0	0	0	0
8	0	0	1	1	1	1	0	0	0	0	0
9	0	1	1	1	1	1	0	0	0	0	0
10	0	1	1	1	1	1	0	0	0	0	0
11	0	0	1	1	0	0	1	1	1	0	0
12	0	0	0	1	1	0	0	1	1	0	1
⋮	0	0	0	0	1	0	0	1	1	1	0
M	0	0	0	0	0	0	0	0	0	0	0

（左侧纵轴：时间）

图 3.5　利用 $\bar{s}_{j,m}$ 和 $\hat{s}_{j,m}$，根据式 (3-1) 得到的二元指示变量 $P_{j,m}$ 的示例图

3.3.2　约束条件

交通波的传播在时间和空间维度上具有方向性。首先，如果单元格 $\langle j,m \rangle$ 受到事故的影响，那么如图 3.6 所示，该影响必然是从这个单元格紧邻的下游路段或上一个时间间隔传播而来。也就是说，如果单元格 $\langle j,m \rangle$ 受到事故影响（$\delta_{j,m}=1$），则要求单元格 $\langle j+1,m \rangle$ 或 $\langle j,m-1 \rangle$ 的值为 1，或两者的值都为 1。这可以用如下约束条件表示：

$$\delta_{j+1,m} + \delta_{j,m-1} \geqslant \delta_{j,m}, \quad \forall 1 \leqslant j \leqslant J, 1 \leqslant m \leqslant M \tag{3-3}$$

时间	路段 (交通流方向 ←)	
	$j+1$	j
$m-1$		$\delta_{j,m-1}=?$
m	$\delta_{j+1,m}=?$	$\delta_{j,m}=1$

图 3.6　当 $\delta_{j,m}=1$ 时，$\delta_{j,m-1}$ 或 $\delta_{j+1,m}$ 的值为 1，或者两者的值都为 1

当 $m=1$ 时，约束条件(3-3)变为 $\delta_{j+1,1} \geqslant \delta_{j,1}, \forall 1 \leqslant j \leqslant J$。这意味着如果单元格 $\langle j,1 \rangle$ 受到事故影响，其紧邻下游路段对应的单元格 $\langle j+1,1 \rangle$ 必然也受到影响。类似地，当 $j=J$ 时，约束条件(3-3)变为

$\delta_{J,m-1} \geqslant \delta_{J,m}, \forall 2 \leqslant m \leqslant M$。这意味着如果单元格 $\langle J,m \rangle$ 受到事故影响，其上一时间间隔对应的单元格 $\langle J,m-1 \rangle$ 必然也受到影响。

另外，如图 3.7 所示，事故引起的交通波的有向时空传播还要求如果单元格 $\langle j,m-1 \rangle$ 和 $\langle j+1,m \rangle$ 都受到事故影响（$\delta_{j,m-1}=1$ 且 $\delta_{j+1,m}=1$），单元格 $\langle j,m \rangle$ 也必然受到影响，即 $\delta_{j,m}$ 的值必须为 1。这可以用如下约束条件表示：

$$\delta_{j,m-1} + \delta_{j+1,m} - 1 \leqslant \delta_{j,m}, \quad \forall 1 \leqslant j \leqslant J, 1 \leqslant m \leqslant M \tag{3-4}$$

时间	路段 (交通流方向 ←)	
	$j+1$	j
$m-1$		$\delta_{j,m-1}=1$
m	$\delta_{j+1,m}=1$	$\delta_{j,m}=?$

图 3.7　当 $\delta_{j,m-1}=1$ 且 $\delta_{j+1,m}=1$ 时，$\delta_{j,m}$ 的值必为 1

3.3.3　目标函数

对于单元格 $\langle j,m \rangle$，当 $P_{j,m}=1$ 时，该单元格对应的车辆速度明显小于无事故情况下的平均值，我们则希望其对应的决策变量 $\delta_{j,m}$ 的值也为 1。这样的话，该单元格就能够被包括在事故造成的时空拥堵区域中。相反，当 $P_{j,m}=0$ 时，我们则希望其对应的决策变量 $\delta_{j,m}$ 的值也为 0。这可以通过最小化如下的目标函数来实现：

$$\text{minimize} \sum_{j=1}^{J} \sum_{m=1}^{M} [P_{j,m}(1-\delta_{j,m}) + (1-P_{j,m})\delta_{j,m}] \tag{3-5}$$

优化模型在满足约束条件 (3-3)、条件 (3-4) 及 $\delta_{J,1}=1$ 这一边界条件的前提下，最小化上述目标函数。该优化模型是整数规划模型，可以用标准的分支定界算法进行求解。一旦得到 $\delta_{j,m}$ 的值，我们就可以利用式 (3-6) 来量化事故造成的延误 (Chung et al., 2012)：

$$\text{TD} = \sum_{\forall \delta_{j,m}=1} \max \left\{ \left[\frac{L_j}{\hat{s}_{j,m}} - \frac{L_j}{\bar{s}_{j,m}} \right] Q_{j,m}, 0 \right\} \tag{3-6}$$

其中，L_j 是路段 j 的长度；$Q_{j,m}$ 是在时间间隔 m 内经过路段 j 的车辆数。

3.4 模 型 性 质

本节首先展示 Chung 等 (2012) 所建模型的输出结果可能会违背交通波的传播规律；其次，证明本书所建整数规划模型的输出结果能够满足 3.2 节中提到的 3 条规则，这能够保证利用该模型得到的时空拥堵区域的形状满足交通波的传播规律；最后，证明模型的约束条件显著少于 Chung 等 (2012) 所建的模型。

我们通过一个示例来展示 Chung 等 (2012) 所建模型的可行解可能会违背交通波的传播规律。具体而言，就是模型的可行解可能会违背 3.2 节中所述的规则 3。Chung 等 (2012) 所建的模型如下：

$$\text{minimize} \quad \sum_{j=1}^{J} \sum_{m=1}^{M} [P_{j,m}\delta_{j,m} + (1-P_{j,m})(1-\delta_{j,m})] \quad (3\text{-}7)$$

s.t.

$$\delta_{j+k,m} \leqslant [1 - (\delta_{j,m} - \delta_{j+1,m})]R,$$
$$\forall 1 \leqslant j \leqslant J, 1 \leqslant m \leqslant M, 1 \leqslant k \leqslant J - j \quad (3\text{-}8)$$

$$\delta_{j,m+k} \leqslant [1 - (\delta_{j,m} - \delta_{j,m+1})]R,$$
$$\forall 1 \leqslant j \leqslant J, 1 \leqslant m \leqslant M, 1 \leqslant k \leqslant M - m \quad (3\text{-}9)$$

$$\delta_{j,m+k} \leqslant [1 - (\delta_{j,m} - \delta_{j+1,m})]R,$$
$$\forall 1 \leqslant j \leqslant J, 1 \leqslant m \leqslant M, 1 \leqslant k \leqslant M - m \quad (3\text{-}10)$$

其中，R 是一个很大的正数且 $\delta_{J,1} = 1$。

图 3.8 所示的时空区域包含两行、三列，即 $M = 2$，$J = 3$。$\delta_{j,m}$ 的值和受到事故影响的单元格也被标注出来。其中，单元格 $\langle 3,1 \rangle$ 和 $\langle 1,2 \rangle$ 受到事故的影响。不难发现，图 3.8 中所示的受事故影响的时空区域不是连续的，违背了 3.2 节中所述的规则 3。

时间	路段 (交通流方向 ←)		
	3	2	1
1	$\delta_{3,1} = 1$	$\delta_{2,1} = 0$	$\delta_{1,1} = 0$
2	$\delta_{3,2} = 0$	$\delta_{2,2} = 0$	$\delta_{1,2} = 1$

图 3.8 Chung 等 (2012) 所建模型的可行解违背 3.2 节中所述的规则 3

我们进一步展示图 3.8 中 $\delta_{j,m}$ 的值是 Chung 等 (2012) 所建模型的可行解，即满足约束条件(3-8)~ 条件(3-10)。在表 3.1 中，我们展示由约束条件(3-8)~ 条件(3-10)而得的展开式。在表 3.1 中，第 1 列是约束条件编号，第 2 列给出 j、m 和 k 的取值，第 3 列是约束条件的展开式。以第 1 行为例，当 $j=1, m=1, k=1$ 时，因为 L.H.S.=0 $= \delta_{2,1} \leqslant 1 - (\delta_{1,1} - \delta_{2,1}) = 1 - (0-0) = 1$=R.H.S.，所以满足约束条件(3-8)。观察所有的行可以发现，每个约束条件均被满足。这意味着图 3.8 所示的时空区域对应的解是 Chung 等 (2012) 所建模型的可行解。

表 3.1 **图 3.8 所示的时空区域对应的解满足 Chung 等 (2012) 所建模型的所有约束条件**

约束条件	j, m, k 的值	约束条件展开式
(3-8)	$j=1, m=1, k=1$	$0 = \delta_{2,1} \leqslant 1 - (\delta_{1,1} - \delta_{2,1}) = 1 - (0-0) = 1$
	$j=1, m=1, k=2$	$1 = \delta_{3,1} \leqslant 1 - (\delta_{1,1} - \delta_{2,1}) = 1 - (0-0) = 1$
	$j=1, m=2, k=1$	$0 = \delta_{2,2} \leqslant 1 - (\delta_{1,2} - \delta_{2,2}) = 1 - (1-0) = 0$
	$j=1, m=2, k=2$	$0 = \delta_{3,2} \leqslant 1 - (\delta_{1,2} - \delta_{2,2}) = 1 - (1-0) = 0$
	$j=2, m=1, k=1$	$1 = \delta_{3,1} \leqslant 1 - (\delta_{2,1} - \delta_{3,1}) = 1 - (0-1) = 2$
	$j=2, m=2, k=1$	$0 = \delta_{3,2} \leqslant 1 - (\delta_{2,2} - \delta_{3,2}) = 1 - (0-0) = 1$
(3-9)	$j=1, m=1, k=1$	$1 = \delta_{1,2} \leqslant 1 - (\delta_{1,1} - \delta_{1,2}) = 1 - (0-1) = 2$
	$j=2, m=1, k=1$	$0 = \delta_{2,2} \leqslant 1 - (\delta_{2,1} - \delta_{2,2}) = 1 - (0-0) = 1$
	$j=3, m=1, k=1$	$0 = \delta_{3,2} \leqslant 1 - (\delta_{3,1} - \delta_{3,2}) = 1 - (1-0) = 0$
(3-10)	$j=1, m=1, k=1$	$1 = \delta_{1,2} \leqslant 1 - (\delta_{1,1} - \delta_{2,1}) = 1 - (0-0) = 1$
	$j=2, m=1, k=1$	$0 = \delta_{2,2} \leqslant 1 - (\delta_{2,1} - \delta_{3,1}) = 1 - (0-1) = 2$

接下来，我们分别证明本书所建模型的输出结果能够满足在 3.2 节中所述的 3 条规则，而且模型的约束条件显著少于 Chung 等 (2012) 所建的模型。

命题 3.1 本书所建模型的输出结果能够满足在 3.2 节中所述的 3 条规则。

证明：

（1）我们首先利用归纳法证明模型的输出结果满足规则 1，即证明对于任意的 m（$m = 1, 2, \cdots, M$），第 m 行中所有受事故影响的单元格一定会构成单一的群簇。

①当 $m=1$ 时，由在 3.3.1 节中所述的边界条件可知，单元格 $\langle J,1 \rangle$ 受到事故影响。在时空区域中，从 $\langle J,1 \rangle$ 开始向右遍历本行受事故影响的单元格，假设 $\langle j,1 \rangle$ 是最后一个单元格，即 $\delta_{j,1}=1$ 且 $\delta_{j-1,1}=0$。根据约束条件(3-3)，$\delta_{j-2,1}$，$\delta_{j-3,1}$，$\cdots$，$\delta_{1,1}$ 的值必然都为 0，即单元格 $\langle j-2,1 \rangle$，$\langle j-3,1 \rangle$，$\cdots$，$\langle 1,1 \rangle$ 必然没有受到事故的影响。这就证明了在模型输出时空影响区域的第 1 行中，所有受事故影响的单元格一定会构成单一的群簇。

②当 $m \geqslant 2$ 时，假设第 $m-1$ 行中所有受事故影响的单元格构成单一的群簇。对于第 m 行，若存在反例，则该行中受事故影响的单元格会构成两个或更多的群簇。在如图 3.9 所示的反例中，$\langle j_1,m \rangle$，$\langle j_1-1,m \rangle$，$\cdots$，$\langle j_1-k_1,m \rangle$ 构成了第一个群簇，而 $\langle j_2,m \rangle$，$\langle j_2-1,m \rangle$，$\cdots$，$\langle j_2-k_2,m \rangle$ 构成了第二个群簇，其中，$J \geqslant j_1 > j_2 \geqslant 1$；$k_1, k_2 \geqslant 0$；$j_1-k_1 > j_2$；$j_2-k_2 \geqslant 1$；$k_1, k_2$ 都是非负整数。这意味着单元格 $\langle j_1-k_1-1,m \rangle$ 没有受到事故的影响。另外，根据约束条件(3-3)，$\langle j_1,m-1 \rangle$ 和 $\langle j_2,m-1 \rangle$ 必然都受到事故的影响。根据本书假设，即第 $m-1$ 行中所有受影响的单元格能够构成单一的群簇，那么，$\langle j_1,m-1 \rangle$，$\langle j_1-1,m-1 \rangle$，$\cdots$，$\langle j_2,m-1 \rangle$ 必然都受到事故的影响。因为 $\langle j_1-k_1-1,m-1 \rangle$ 和 $\langle j_1-k_1,m \rangle$ 受到事故的影响，即 $\delta_{j_1-k_1-1,m-1}=1$ 且 $\delta_{j_1-k_1,m}=1$，根据约束条件(3-4)可知 $\delta_{j_1-k_1-1,m}=1$，即单元格 $\langle j_1-k_1-1,m \rangle$ 也必然受到影响。这与单元格 $\langle j_1-k_1-1,m \rangle$ 没有受到事故影响的假设相矛盾。

同理，对于任意的 j（$j=1,2,\cdots,J$），在第 j 列中所有受事故影响的单元格也一定会构成单一的群簇。

时间	路段 (交通流方向 ←)												
	$\cdots$	j_1+1	j_1	j_1-1	$\cdots$	j_1-k_1	j_1-k_1-1	$\cdots$	j_2+1	j_2	$\cdots$	j_2-k_2	j_2-k_2-1	$\cdots$
$m-1$	$\cdots$		1	1	$\cdots$	1		1	$\cdots$	1	1			$\cdots$
m	$\cdots$	0	1	1	$\cdots$	1	0	$\cdots$	0	1	$\cdots$	1	0	$\cdots$

图 3.9　第 m 行中所有受事故影响的单元格构成两个独立的群簇

（2）接下来，证明模型的输出结果满足规则 2 和规则 3。本书在（1）中已经证明第 m 行中所有受事故影响的单元格一定会构成单一的群簇。对于第 m 行，假设 $\langle \varPhi(m,-),m \rangle$ 和 $\langle \varPhi(m,+),m \rangle$ 分别是最左端和最右端受到影响的单元格，也就是说，在时间间隔 m 内，路段 $\varPhi(m,-)$ 和路段 $\varPhi(m,+)$ 分别是最下游和最上游受到事故影响的路段。根据约束条件(3-3)，对于 $m \geqslant 2$，如果 m 行中有单元格受到影响，$m-1$ 行中也必然有单元格受到事故的影响。这意味着为了证明模型的输出结果满足规则 2 和规则 3，只需要证明不等式 (3-11) 和不等式 (3-12)：

$$\Phi(m-1,-) \geqslant \Phi(m,-) \geqslant \Phi(m-1,+) \tag{3-11}$$

$$\Phi(m-1,+) \geqslant \Phi(m,+) \tag{3-12}$$

我们首先证明不等式(3-11)。如图 3.10（a）所示，根据 $\Phi(m,-)$ 的定义可知，单元格 $\langle\Phi(m,-)+1,m\rangle$ 没有受到事故的影响而 $\langle\Phi(m,-),m\rangle$ 受到了影响，即 $\delta_{\Phi(m,-)+1,m}=0$，$\delta_{\Phi(m,-),m}=1$。根据约束条件(3-3)可得 $\delta_{\Phi(m,-),m-1}=1$，即第 $m-1$ 行中的单元格 $\langle\Phi(m,-),m-1\rangle$ 必然受到事故的影响。因为 $\Phi(m-1,-)$ 对应第 $m-1$ 行中最左端的单元格，所以 $\Phi(m-1,-) \geqslant \Phi(m,-)$，即不等式(3-11)的第一部分。又因为 $\Phi(m-1,+)$ 对应第 $m-1$ 行中最右端的单元格，所以 $\Phi(m,-) \geqslant \Phi(m-1,+)$，即不等式(3-11)的第二部分。

其次，利用反证法证明不等式(3-12)。如图 3.10（b）所示，假设 $\Phi(m,+) > \Phi(m-1,+)$，这意味着单元格 $\langle\Phi(m,+),m\rangle$ 和 $\langle\Phi(m,+)-1,m-1\rangle$ 都受到事故的影响，即 $\delta_{\Phi(m,+),m}=1$ 且 $\delta_{\Phi(m,+)-1,m-1}=1$。根据约束条件(3-4)可得 $\delta_{\Phi(m,+)-1,m}=1$，即单元格 $\langle\Phi(m,+)-1,m\rangle$ 也必然受到影响，这和单元格 $\langle\Phi(m,+),m\rangle$ 是第 m 行中最右端受影响的单元格的假设产生矛盾。证毕。 $\Box$

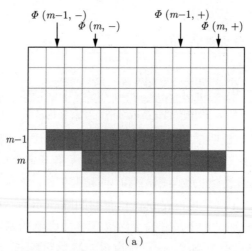

图 3.10   证明不等式 (3-11) 和不等式 (3-12) 所用的示意图

（a）不等式(3-11)；（b）不等式(3-12)

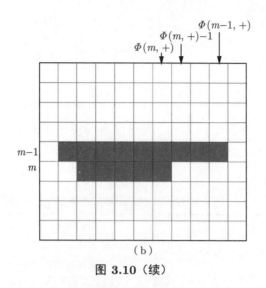

（b）

图 3.10（续）

命题 3.2　本书所建模型的约束条件数目是 $O(MJ)$，而 Chung 等 (2012) 所建模型的约束条件数目是 $O(MJ^2 + M^2J)$。

证明：

通过观察约束条件(3-3) 和条件(3-4)可知，本书所建模型的约束条件数目是 $O(MJ)$。对于 Chung 等 (2012) 所建的模型，约束条件(3-8)~条件(3-10)的总数目是 $O(MJ^2 + M^2J + M^2J) = O(MJ^2 + M^2J)$。证毕。　　　　　　　　　　　　　　　　　　　　□

3.5　数 值 实 验

本节利用仿真数据和真实数据进行数值实验以验证本书的模型。首先利用仿真数据分析参数 α 的取值对车辆延误估算值的影响，并对比本书的模型和 Chung 等 (2012) 所建模型的输出结果及求解效率。其次，利用真实数据再次验证本书的模型在输出结果和求解效率上依然优于 Chung 等 (2012) 建立的模型。数值实验中的代码使用 Matlab R2015b (MATLAB, 2015) 编写，整数规划模型使用 IBM ILOG CPLEX 12.5 (IBM, 2012) 进行求解。所有的计算都是在配置为 Intel 4.00 GHz CPU 和 16 GB 内存的台式计算机上完成的。

3.5.1   仿真数据

仿真数据采用交通仿真软件 TransModeler (Caliper, 2016) 生成。在生成仿真数据的过程中，本书设置 3 种不同严重程度的交通事故，分别对应表 3.2 中的 3 个案例。利用得到的仿真数据，本书分析了参数 α 的取值对车辆延误估算值的影响，并对比本书模型与 Chung 等 (2012) 所建模型的结果，包括受事故影响的时空区域的形状是否符合交通波的传播规律及模型的求解时间。

表 3.2   仿真案例中 3 种不同事故严重程度的具体设置

案例编号	事故严重程度
1	车道 4 完全堵塞， 车道 1、2、3 上的行驶车辆被限速 5 km/h
2	车道 3、4 完全堵塞， 车道 1、2 上的行驶车辆被限速 5 km/h
3	车道 2、3、4 完全堵塞， 车道 1 上的行驶车辆被限速 5 km/h

3.5.1.1   实验设置

本书在如图 3.11 所示的道路上进行交通仿真实验。该道路上共有 4 个车道，车流方向如图中的箭头所示。道路的总长度为 3 km，被切分为 15 个等长的路段，每个路段的长度为 0.2 km。每个案例对应的仿真过程都是从 8:00 开始，至 9:00 结束。事故于 8:06 发生在路段 14 上，并在 0.5 h 后被清除。交通需求被设置为 4000 辆/h，饱和交通流被设置为 1800 辆/(h·车道)。仿真软件 TransModeler 会以 s 为时间单位输出车辆的速度和位置数据。3 个案例中交通事故严重程度的具体设置如表 3.2 所示，表中，从案例 1 到案例 3，事故的严重程度逐渐加重。例如，在案例 1 中，只有车道 4 完全堵塞，车道 1、2、3 上的行驶车辆被限速 5 km/h，而在案例 3 中，车道 2、3、4 均完全堵塞，只有车道 1 上的行驶车辆被限速 5 km/h。另外，在时空速度图中，时间被切分成 30 s 长的时间间隔。由路段长度和时间间隔大小可知，时空速度图的分辨率为 0.2 km × 0.5 min。

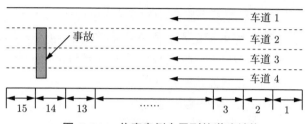

图 3.11　仿真案例中用到的道路结构

3.5.1.2　计算 $P_{j,m}$ 和 $\delta_{j,m}$

因为交通事故于 8:06 发生在路段 14 上，所以时空速度图在时间维度上是从 8:06—9:00，在空间维度上是从路段 14 至路段 1。由此可知，$M = (60 - 6 + 1) \times 2 = 110$，$J = 14$。在每次仿真实验中，$s_{j,m}$ 是由在时间间隔 m 内经过路段 j 的所有车辆的速度求平均而得。本书首先在没有设置事故的情形下进行 30 次仿真，以得到无事故发生情况下 $s_{j,m}$ 的均值和标准差，即 $\bar{s}_{j,m}$ 和 $\sigma_{j,m}$。然后，在仿真中设置事故并计算有事故发生情况下 $s_{j,m}$ 的值，即 $\hat{s}_{j,m}$。在参数 α 给定的情况下，就可以利用式(3-1)计算出 $P_{j,m}$。最后，通过求解 3.3 节中的整数规划模型即可得到 $\delta_{j,m}$ 的值。

3.5.1.3　参数 α 的取值

对于本书的模型和 Chung et al. (2012) 的模型而言，模型输出的受事故影响的时空区域以及根据该时空区域计算而得的车辆延误都受到式(3-1)中参数 α 取值的影响。当 α 的取值接近 0 时，最初被标记为受到事故影响的单元格的数量会偏多，这些单元格对应的 $P_{j,m}$ 的值会被计算为 1，并最终造成车辆延误被高估。相反，当 α 的取值较大时，最初被标记受到事故影响的单元格的数量会偏少，这些单元格对应的 $P_{j,m}$ 的值会被计算为 0，并最终造成车辆延误被低估。因此，不论是对于本书的模型，还是对于 Chung 等 (2012) 的模型，都需要合理地对参数 α 进行取值，以准确地估算事故造成的车辆延误。

本书利用线性搜索的方法来得到 α 最合适的取值。具体而言，以 0.1 为步幅，从 0~10 逐渐增大 α 的取值，对 α 的每个取值进行 10 次仿真，记录下每次估算得到的车辆延误与真实的车辆延误。3 个案例中不同 α 取值下得到的车辆延误如图 3.12 所示，在该图中，水平的曲线表示 TransModeler 输出的每个案例中真实车辆延误的平均值。其中，案例 1、2、3 中真实平均车辆延误分别是 248.22 辆·h（vehicle hours）、334.35 辆·h、437.53 辆·h。图 3.12 中灰色条状区域对应真实平均车辆延误上下浮动 5% 时的取值范围，实线和实点线分别表示根据本书的模型和 Chung 等（2012）的模型估算得到的车辆延误。可以发现，根据这两个模型估算得到的车辆延误对 α 的取值都不敏感。例如，对于案例 1，只要 α 的取值不大于 7，根据这两个模型估算的车辆延误的误差都不大于 5%，而当 α 的取值大于 7 时，根据这两个模型的输出结果计算而得的车辆延误都会被较大地低估。对于案例 2 和案例 3，本书可以得到同样的结论。根据图 3.12 所示的结果，本书选择当估算的车辆延误和真实的车辆延误间平均误差最小时对应的 α 的取值。对于本书的模型，α 的取值为 4.2，而对于 Chung 等（2012）的模型，α 的取值为 3.8。

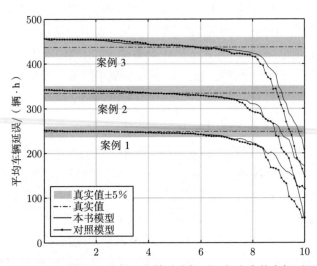

图 3.12　不同 α 取值下估算的车辆延误与真实的车辆延误

3.5.1.4　模型结果比较

表 3.3 展示了每个案例中的每次仿真实验的详细结果。其中，第 1 列和第 2 列分别是案例编号和仿真实验次数编号；第 3 列为事故造成的真实车辆延误值，该值为有事故发生时和无事故发生时所有车辆的行驶时间的差值。

具体而言，本书可以根据仿真软件生成的数据得到在无事故发生情

表 3.3　本书模型和对照模型在每次仿真实验结果中的对比

| 1 | 2 | 3 | 对照模型 | | | 本书模型 | | | 差值 | |
案例编号	次数编号	真实延误值 /(辆·h)	估算延误值 /(辆·h)	百分误差 /%	求解时间 /s	估算延误值 /(辆·h)	百分误差 /%	求解时间 /s	百分误差 /%	求解时间降幅 /%
1	1	256.23	254.49	-0.68	14.81	255.09	-0.44	0.31	0.24	97.91
	2	248.01	244.61	-1.37	7.60	243.82	-1.69	0.22	-0.32	97.11
	3	246.97	243.06	-1.58	7.43	244.40	-1.04	0.23	0.54	96.90
	4	247.47	243.07	-1.78	7.08	243.84	-1.47	0.19	0.31	97.32
	5	244.25	244.75	0.20	11.11	244.72	0.19	0.20	0.01	98.20
	6	250.21	247.20	-1.20	4.17	248.55	-0.66	0.21	0.54	94.96
	7	246.60	244.65	-0.79	3.96	245.32	-0.52	0.20	0.27	94.95
	8	252.50	252.82	0.13	3.74	253.40	0.36	0.25	-0.23	93.32
	9	243.00	238.91	-1.68	3.66	239.45	-1.46	0.17	0.23	95.36
	10	246.98	246.97	0.00	7.73	246.69	-0.12	0.18	-0.12	97.67
	平均值	248.22	246.05	-0.87	7.13	246.529	-0.68	0.21	0.19	97.05
2	1	341.54	339.76	-0.52	11.14	340.37	-0.34	0.17	0.18	98.47
	2	351.37	349.88	-0.42	8.77	350.59	-0.22	0.20	0.20	97.72
	3	328.33	329.76	0.44	3.98	330.17	0.56	0.18	-0.12	95.48
	4	329.24	327.54	-0.52	4.23	330.69	0.44	0.18	0.08	95.74
	5	322.07	325.94	1.20	3.69	324.11	0.63	0.18	0.57	95.12
	6	341.25	341.61	0.11	3.44	341.63	0.11	0.30	0.00	91.28
	7	336.06	337.52	0.43	3.56	336.91	0.25	0.25	0.18	92.98

续表

案例编号	次数编号	真实延误值/(辆·h)	对照模型			本书模型			差值	
			估算延误值/(辆·h)	百分误差/%	求解时间/s	估算延误值/(辆·h)	百分误差/%	求解时间/s	百分误差/%	求解时间降幅/%
2	8	332.63	336.05	1.03	3.38	336.05	1.03	0.19	0.00	94.38
	9	329.09	335.09	1.82	3.28	331.65	0.78	0.28	1.04	91.46
	10	331.90	332.88	0.30	3.22	332.25	0.11	0.28	0.19	91.30
	平均值	334.35	335.60	0.37	4.87	335.44	0.33	0.22	0.04	95.48
3	1	426.67	442.21	3.64	19.19	435.81	2.14	0.24	1.50	97.12
	2	444.22	448.41	0.94	8.33	449.73	1.24	0.19	-0.30	97.65
	3	433.92	438.16	0.98	8.08	439.89	1.38	0.38	-0.40	93.72
	4	451.14	453.20	0.46	6.05	458.05	1.53	0.37	-1.07	93.89
	5	443.23	454.64	2.57	6.06	451.59	1.89	0.18	0.68	99.40
	6	451.13	451.88	0.17	30.06	454.60	0.77	0.27	-0.60	99.15
	7	427.48	431.55	0.95	31.75	432.72	1.23	0.29	-0.28	98.76
	8	426.19	431.01	1.13	23.30	433.42	1.70	0.19	-0.57	99.18
	9	428.23	435.14	1.61	23.10	436.08	1.83	0.30	-0.22	98.44
	10	443.09	451.52	1.90	15.32	454.02	2.47	0.28	-0.57	98.17
	平均值	437.53	443.77	1.43	17.12	444.59	1.61	0.27	-0.18	98.42

况下所有车辆的旅行时长 T_1，以及在有事故发生情况下所有车辆的旅行时长 T_2，两者间的差值 $T_2 - T_1$ 即为事故造成的真实车辆延误值。第 4、5、6 列分别是根据对照模型 (Chung et al., 2012) 估算而得的车辆延误值、估算延误值与真实延误值间的百分误差、模型的求解时间。第 7、8、9 列分别是根据本书模型估算而得的车辆延误值、估算延误值与真实延误值间的百分误差、模型的求解时间。第 10 列是第 5 列和第 8 列的差值。第 11 列是本书模型相比于对照模型在求解时间上降低的百分比。以案例 1 的第 1 次仿真实验为例，事故造成的真实车辆延误值是 256.23 辆·h（第 3 列）。利用对照模型估算而得的车辆延误值是 254.49 辆·h（第 4 列），估算延误值与真实延误值间的百分误差为 $\dfrac{254.49 - 256.23}{256.23} \times 100\% = -0.68\%$（第 5 列），模型的求解时间为 14.81 s（第 6 列）。利用本书模型估算而得的车辆延误值是 255.09 辆·h（第 7 列），估算延误值与真实延误值间的百分误差为 $\dfrac{255.09 - 256.23}{256.23} \times 100\% = -0.44\%$（第 8 列），模型的求解时间为 0.31 s（第 9 列）。利用本书模型和对照模型得到的车辆延误值的百分误差的差值为 $|-0.68\%| - |-0.44\%| = 0.24\%$（第 10 列）。本书模型相比于对照模型在求解时间上减少了 $\dfrac{14.81 - 0.31}{14.81} \times 100\% = 97.91\%$（第 11 列）。

从表 3.3 中的结果可以发现，根据对照模型和本书模型估算而得的车辆延误值与真实车辆延误值间的平均百分误差都小于 1.5%，因此两者都可以较为准确地估算事故造成的车辆延误。尽管如此，本书依然有如下重要发现。

（1）对照模型输出的受事故影响的时空区域的形状不满足交通波的传播规律。以案例 3 的第 1 次仿真实验为例，图 3.13（a）和图 3.13（b）分别是对照模型和本书模型输出的受事故影响的时空区域。可以看出，对照模型输出的受事故影响的时空区域的边界不是连续的，违背了 3.2 节中所述的规则 3。

（2）由表 3.3 的最后一列可以看出，相比于对照模型，本书模型在求解时间上减少了 95%~98%。不仅如此，本书模型还大幅减少了约束条件的数目。在上述数值实验中，时空速度图中的时间开始于 8:06，终止于 9:00，由此可知 $M = (60 - 6 + 1) \times 2 = 110$。又因为路段的数目是 $J = 14$，所以模型中决策变量的数目是 $MJ = 110 \times 14 = 1540$。另外，对照模型和本书模型中约束条件的数目分别是 $M \cdot \dfrac{(J-1)J}{2} + J \cdot \dfrac{(M-1)M}{2} \times 2 = 177\,870$ 和 $2MJ = 3080$。这充分体现了本书模型在求解效率上的优势。

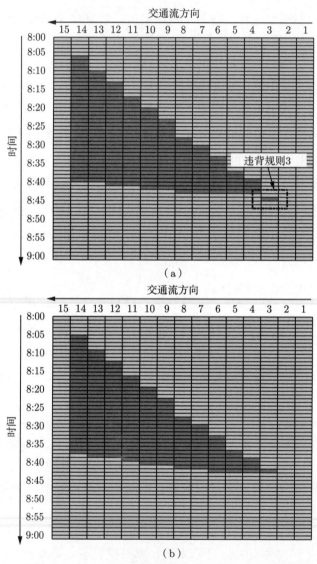

图 3.13　在案例 3 第 1 次的仿真实验中，对照模型和本书模型输出的受
事故影响的时空区域

（a）对照模型；（b）本书模型

3.5.2　真实数据

本节利用真实数据进行数值实验来验证本书模型。数据采集时间为 2016 年 4 月，采集位置为北京市北三环一段长度为 5 km 的城市快速路。该快速路被切分为 50 个等长的路段，从东向西依次被标记为 1, 2, $\cdots$, 50。此外，时间被切分成时长为 5 min 的时间间隔。因此，时空速度图的分辨率为 0.1 km $\times$ 5 min。

我们获得的数据包括：①浮动车在该快速路上行驶时车载 GPS 设备回传的数据，包括车辆行驶速度、车辆位置、行驶方向，GPS 设备回传数据的平均时间间隔为 30 s；②发生在该快速路上的交通事故的事故报告，包括事发时间、位置、事故详情，事故详情记录了事故类型（如追尾、刮蹭等）、伤亡严重程度、肇事车辆类型（如卡车、公共汽车、小汽车等），2016 年 4 月，该快速路上共发生了 17 起交通事故；③安装在路边的远程交通微波检测器（remote traffic microwave sensor，RTMS）收集的交通流量数据，在该快速路上共有 8 个这样的设备，这些设备记录的数据预先被以长为 5 min 的时间间隔进行整合。设备间路段的流量数据利用插值法获得。需要注意的是，利用模型估算受事故影响的时空区域并不需要使用流量数据，流量数据是在估算事故造成的车辆延误时被用到的。

本书使用于 2016 年 4 月 17 日 20:10 发生在路段 47 的一起事故来检验本书模型。假设事故影响的最大时间范围是 2 h。在其他天的 18:10 以后，该快速路上没有事故发生。这意味着我们可以用其余 29 天的数据来计算无事故发生情况下速度的均值（$\bar{s}_{j,m}$）和标准差（$\sigma_{j,m}$）。事发当天的速度被记为 $\hat{s}_{j,m}$。根据得到的速度数据，我们在该 5 km 长的快速路上绘制时间长度为 2 h 的时空速度图。需要注意的是，如果在其他天的 18:10 以后有事故发生，我们在计算 $\bar{s}_{j,m}$ 和 $\sigma_{j,m}$ 时则需要排除这些天。根据 3.5.1 节中的结果，对照模型和本书模型中 α 的取值分别为 3.8 和 4.2。

对照模型和本书模型输出的受事故影响的时空区域分别如图 3.14（a）和图 3.14（b）所示。从图 3.14（a）所示的结果可以再次发现，对照模型输出的受事故影响的时空区域的边界不是连续的，违背了 3.2 节中所述的规则 3。同时，由于实际的车辆到达率不是恒定的且实际数据存在噪声，图 3.14（a）和图 3.14（b）中受事故影响的时空区域的形状不如图 3.13（a）和 3.13（b）中的理想。

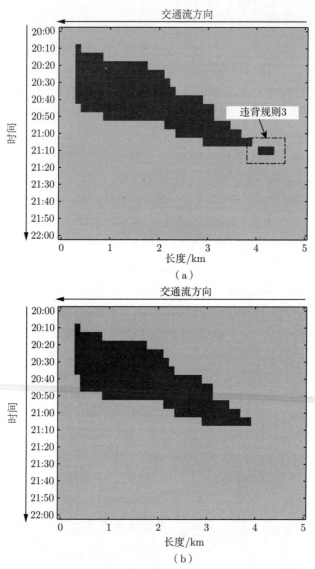

图 3.14 对照模型和本书模型输出的受事故影响的时空区域
（a）对照模型；（b）本书模型

表 3.4 展示了本书模型和对照模型利用真实数据时的求解结果对比。第 1 列是实际的车辆延误值，其计算过程如下：首先利用除事发当天外其他天的速度数据计算出 $\bar{s}_{j,m}$，其次将事发当天的速度记为 $\hat{s}_{j,m}$，最后，结合事

发当天的流量数据 $Q_{j,m}$ 计算出实际的车辆延误值 $\sum\limits_{j=1}^{J}\sum\limits_{m=1}^{M}\max\left\{\left[\dfrac{L_j}{\hat{s}_{j,m}}-\right.\right.$ $\left.\left.\dfrac{L_j}{\bar{s}_{j,m}}\right]Q_{j,m},0\right\}$。第 2、3、4 列分别是根据对照模型估算而得的车辆延误值、估算延误值与真实延误值的百分误差、模型的平均求解时间。第 5、6、7 列分别是根据本书模型估算而得的车辆延误值、估算延误值与真实延误值的百分误差、模型的平均求解时间。第 8 列是第 3 列和第 6 列的差值。第 9 列是本书模型相比于对照模型在求解时间上的降幅。模型的平均求解时间是 10 次求解时间的平均值。从表 3.4 中可以发现，根据两个模型估算而得的车辆延误值与实际的车辆延误值的百分误差很接近，差值为 $|1.76\%|-|-0.95\%|=0.81\%$。但是，相比于对照模型，本书模型在平均求解时间上的降幅达 95.27%。这是因为相比于对照模型，本书模型大幅减少了约束条件的数目。具体而言，在数值实验中，时空速度图的时间长度为 2 h，且时间被切分成时长为 5 min 的时间间隔，由此可得 $M=120/5=24$。又因为路段的数目是 $J=47$，所以模型中决策变量的数目是 $MJ=24\times47=1128$。另外，对照模型和本书模型中约束条件的数目分别是 $M\dfrac{(J-1)J}{2}+J\dfrac{(M-1)M}{2}\times2=51\,888$ 和 $2MJ=2256$。这充分体现了本书模型在运算效率上的优势。

表 3.4　　本书模型和对照模型利用真实数据时的求解结果对比

真实延误值 /（辆·h）	对照模型			本书模型			差异	
	估算延误值 /（辆·h）	百分误差 /%	平均求解时间 /s	估算延误值 /（辆·h）	百分误差 /%	平均求解时间 /s	百分误差 /%	求解时间降幅 /%
118.37	120.45	1.76	5.50	117.24	−0.95	0.26	0.81	95.27

3.6　本章小结

本章结合交通波的传播规律设计了一组约束条件，通过建立整数规划模型来估算事故的时空影响范围。模型的输入包括道路上车辆的行驶速度以事故发生的时间和位置。通过求解模型，可以得到事故造成的时空拥堵区域。本书严格地证明了模型的输出结果能够满足交通波传播规律对应的 3 条规则。本书还将所建模型与 Chung 等 (2012) 的模型进行对比，发现本书模型能够大幅减少约束条件的数目。最后，利用仿真数据和真实数据进行的数值实验结果表明，相比于 Chung 等 (2012) 的模型，本书模型不仅能够输出满足交通波传播规律的时空拥堵区域，而且可以减少 95%~98% 的求解时间。

本书模型有着广泛的应用：①对于单一的事故，利用本书模型不仅可以估算出该事故造成的车辆延误，还可以确定该事故造成的最大拥堵时长和最远拥堵距离，这些都有助于量化事故的严重程度；②当拥有很多事故数据时，可以建立模型分析事故造成的车辆延误与相关因素（如事故类型、天气状况、道路几何结构、交通状况等）之间的关系 (Chen et al., 2016)，这有助于理解各个因素对事故造成的车辆延误的影响，并为事故的应急处理提供政策建议；③在分析次生事故的相关研究中 (Chen et al., 2016; Yang et al., 2017b)，本书模型输出的受初始事故影响的时空区域可以用于识别与之对应的次生事故。

第 4 章　利用初始事故的时空影响范围
识别次生事故

4.1　本 章 引 言

初始事故造成的拥堵会增加后续车辆发生次生事故的风险 (Yang et al., 2018)，已有研究指出，初始事故每延长 1 min，次生事故发生的概率就会提高 2.8% (Owens et al., 2009)。另有研究指出，次生事故，尤其是发生在快速路上的次生事故，造成的影响越发严重，越来越引起交通管理部门的重视 (Imprialou et al., 2014a)。根据 Owens 等 (2010) 的研究可知，在美国的快速路上，次生事故的数目约占所有交通事故总数的 20%，其造成的伤亡数目约占所有交通事故造成伤亡总数的 18%。因此，对于交通管理部门而言，降低次生事故造成的危害已经成为一项应优先处理的事务，而处理该事务首先要完成的是对次生事故的准确识别 (Sarker et al., 2015; Yang et al., 2018)。

在已有文献中，很多研究致力于识别次生事故。这些研究所用到的方法大致可以分为四类：基于固定时空边界阈值的方法、基于排队模型的方法、基于时空速度图的方法及基于交通波传播规律的方法 (Yang et al., 2018)。2.2 节的文献综述介绍了这四类方法分别存在的局限，而这些局限会导致次生事故识别结果的错误率偏高。本章结合时空速度图中交通波的传播规律来识别次生事故。对于一个给定的初始事故，本书首先计算出与之对应的时空速度矩阵，并据此绘制时空速度图；其次，结合交通波的传播规律，建立优化模型来估算受初始事故影响的时空区域；然后，对模型进行拓展以处理在选定的时空范围内包含多起初始事故的情形，拓展后的模型能够确定每起初始事故的时空影响范围，并使交通波的传播规律依然被满足；再次，根据初始事故的时空影响范围判断后续事故是否为与初始事故对应的次生事故；最后，利用真实数据进行数值实验以验证本书提出的方法。通过与基于固定时空边界阈值的方法和基于时空速度图的方法进行对比可以发现，本书提出的方法能够减少次生事故的识别错误。

本章结构如下：4.2 节介绍模型的框架，包括构建时空速度矩阵、估算初始事故的时空影响范围以及识别与初始事故对应的次生事故；4.3 节介绍利用真实数据进行的数值实验；4.4 节对本章内容进行总结。

4.2　模型框架

本节将详细介绍模型的框架。其中，4.2.1 节介绍如何构建时空速度矩阵，4.2.2 节介绍如何估算受初始事故影响的时空区域，4.2.3 节介绍如何识别与初始事故对应的次生事故。

4.2.1　构建时空速度矩阵

车辆行驶速度的时空演变可以用时空速度图进行刻画。对于一条给定的道路，为了绘制时空速度图，本书首先把该道路切分成 J 个路段，并按照从上游到下游的顺序将这些路段依次标记为 $1, \cdots, j, \cdots, J$。其次，把时间切分为 M 个时间间隔，并按照从前往后的时间顺序将这些时间间隔依次标记为 $1, \cdots, m, \cdots, M$。对于给定的路段和时间间隔，可以在时空速度图中确定与之对应的单元格。用 $s_{j,m}$ 来表示在时间间隔 t_m 内经过路段 l_j 的车辆行驶速度。利用历史速度数据可以计算出无事故发生情况下 $s_{j,m}$ 的均值（$\bar{s}_{j,m}$）和标准差（$\sigma_{j,m}$），并据此构建无事故发生情况下的时空速度矩阵。假设有交通事故发生，则可以得到事故发生情况下的 $s_{j,m}$ 的值，即 $\hat{s}_{j,m}$，并据此构建事故发生情况下的时空速度矩阵。

4.2.2　估算初始事故的时空影响范围

本书首先参考第 3 章中的模型来估算单个初始事故的时空影响范围。利用有、无事故发生情况下的时空速度矩阵判断 $\hat{s}_{j,m}$ 是否显著小于 $\bar{s}_{j,m}$（Chung, 2011; Wang et al., 2018）。如果 $\hat{s}_{j,m}$ 显著小于 $\bar{s}_{j,m}$，如 $\hat{s}_{j,m} \leqslant \bar{s}_{j,m} - \alpha\sigma_{j,m}$，其中 α 的取值为正数（Chung, 2011; Wang et al.,

2018)，则认为在事故发生的情况下，单元格 $\langle j,m \rangle$ 对应的车辆速度显著小于无事故发生情况下的均值。因此，利用历史速度数据和阈值参数 α，我们定义如下的二元指示变量 $P_{j,m}$ 来表示在时间间隔 m 内经过路段 j 的车辆速度是否显著低于无事故发生情况下的平均车辆速度：

$$P_{j,m} = \begin{cases} 1, & \text{如果 } \hat{s}_{j,m} \leqslant \bar{s}_{j,m} - \alpha\sigma_{j,m} \\ 0, & \text{反之} \end{cases} \tag{4-1}$$

根据上述定义，$P_{j,m} = 1$ 表示在有事故发生的情况下，单元格 $\langle j,m \rangle$ 的速度显著小于无事故发生情况下速度的平均值。如图 4.1 所示，本书给出了一个 $P_{j,m}$ 取值的示例，$P_{j,m} = 1$ 对应的单元格被标注为深灰色，图中的加粗黑线表示真正受到事故影响的时空区域的边界。由于数据存在噪声和其他一些外部因素，图 4.1 中深灰色的单元格组成的时空区域的形状并不满足交通波的传播规律 (Chung et al., 2012; Wang et al., 2018)。根据 3.2 节中的内容可知，受事故影响的时空区域的形状应该满足如下 3 条规则：①交通波在时空上的传播必须是不间断的；②随着时间的推移，交通波的空间边界必须是逆着交通流方向往上游路段移动；③受事故影响的时空区域的边界必须是连续不断的。

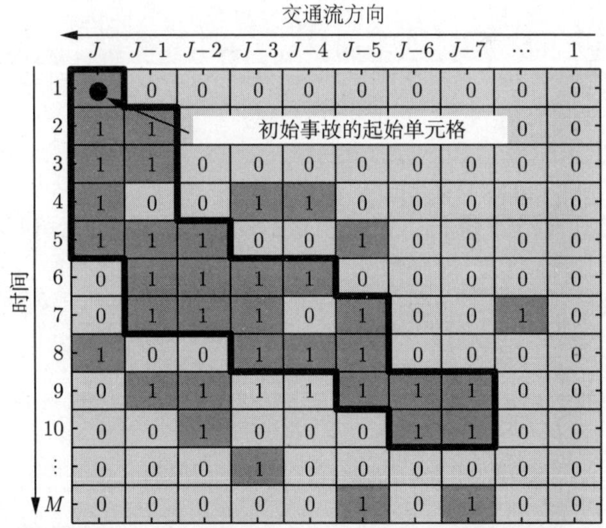

图 4.1 利用 $\bar{s}_{j,m}$ 和 $\hat{s}_{j,m}$，根据式 (3-1) 得到的二元指示变量 $P_{j,m}$ 的示例图

其次，为了得到真正受到事故影响的时空区域，本书定义如下的二元决策变量来表示单元格是否真正受到事故的影响：

$$\delta_{j,m} = \begin{cases} 1, & \text{如果单元格 } \langle j,m \rangle \text{ 真正受到事故影响} \\ 0, & \text{反之} \end{cases} \tag{4-2}$$

在图 4.1 中，根据初始事故的事发时间和位置，可以知道初始事故的初始单元格。因此，需要令 $\delta_{J,1}$ 的取值为 1。另外，对于 $j \notin \{1,2,\cdots,J\}$ 或 $m \notin \{1,2,\cdots,M\}$，令 $\delta_{j,m}$ 的取值为 0。上述取值要求可以视作模型的边界条件。

最后，通过求解如下的整数规划模型得到 $\delta_{j,m}$ 的值：

$$\text{minimize} \quad \sum_{j=1}^{J} \sum_{m=1}^{M} [P_{j,m}(1-\delta_{j,m}) + (1-P_{j,m})\delta_{j,m}] \tag{4-3}$$

s.t.

$$\delta_{J,1} = 1 \tag{4-4}$$

$$\delta_{j,m} = 0, \quad \forall \langle j,m \rangle \notin \{1,2,\cdots,J\} \times \{1,2,\cdots,M\} \tag{4-5}$$

$$\delta_{j+1,m} + \delta_{j,m-1} \geqslant \delta_{j,m}, \quad \forall \langle j,m \rangle \in \{1,2,\cdots,J\} \times \{1,2,\cdots,M\} \setminus \langle J,1 \rangle \tag{4-6}$$

$$\delta_{j,m-1} + \delta_{j+1,m} - 1 \leqslant \delta_{j,m}, \quad \forall \langle j,m \rangle \in \{1,2,\cdots,J\} \times \{1,2,\cdots,M\} \tag{4-7}$$

$$\delta_{j,m} \in \{0,1\}, \quad \forall \langle j,m \rangle \in \{1,2,\cdots,J\} \times \{1,2,\cdots,M\} \tag{4-8}$$

模型的目标函数是最小化二元指示变量 $P_{j,m}$ 和二元决策变量 $\delta_{j,m}$ 间的差异。具体来讲，对于单元格 $\langle j,m \rangle$，当 $P_{j,m} = 1$ 时，有事故发生情况下该单元格的速度显著小于无事故发生情况下速度的平均值，我们则希望其对应的决策变量 $\delta_{j,m}$ 的取值也为 1。这样的话，该单元格就能够被包括在事故造成的时空拥堵区域中。当 $P_{j,m} = 0$ 时，我们则希望决策变量 $\delta_{j,m}$ 的取值也为 0。

约束条件(4-4)和约束条件(4-5)是模型的边界条件，分别表示初始事故的起始单元格对应的 $\delta_{J,1}$ 的取值为 1，以及在选定的时空范围外 $\delta_{j,m}$ 的取值均为 0。约束条件(4-6)和约束条件(4-7)要求事故造成的拥堵在时空上的传播具有方向性。具体而言，约束条件(4-6)表示时空单元格 $\langle j,m\rangle$ 受到的影响必然是从其紧邻的下游路段或上一个时间间隔对应的单元格传播而来。也就是说，如果单元格 $\langle j,m\rangle$ 受到初始事故的影响（$\delta_{j,m}=1$），则需要确保单元格 $\langle j+1,m\rangle$ 或 $\langle j,m-1\rangle$ 的值为 1，或两者的值都为 1。约束条件(4-7)表示如果时空单元格 $\langle j,m-1\rangle$ 和 $\langle j+1,m\rangle$ 都受到事故影响（$\delta_{j,m-1}=1$ 且 $\delta_{j+1,m}=1$），那么单元格 $\langle j,m\rangle$ 也必然受到事故的影响，即 $\delta_{j,m}$ 的值必为 1。约束条件(4-8)要求决策变量 $\delta_{j,m}$ 的取值为 0 或 1。

另外，道路上可能存在事发时间相差不远的多起初始事故。因此，我们对模型进行拓展，以处理在选定的时空范围内存在多起初始事故的情形。为了确定每一起初始事故造成的时空拥堵区域，我们引入新的决策变量 $\delta_{j,m}^{k}$ 来表示单元格 $\langle j,m\rangle$ 是否受到初始事故 k 的影响：

$$\delta_{j,m}^{k}=\begin{cases}1, & \text{如果单元格 } \langle j,m\rangle \text{ 真正受到事故 } k \text{ 的影响} \\ 0, & \text{反之}\end{cases} \tag{4-9}$$

参考前面针对单个初始事故的模型，决策变量 $\delta_{j,m}^{k}$ 的取值可以通过求解如下的整数规划模型得到：

$$\text{minimize} \sum_{j=1}^{J}\sum_{m=1}^{M}\left[P_{j,m}\left(1-\sum_{k=1}^{K}\delta_{j,m}^{k}\right)+(1-P_{j,m})\sum_{k=1}^{K}\delta_{j,m}^{k}\right] \tag{4-10}$$

s.t.

$$\delta_{j_0^k,m_0^k}=1, \quad \forall k\in\{1,2,\cdots,K\} \tag{4-11}$$

$$\delta_{j,m}^{k}=0, \quad \forall\langle j,m,k\rangle\notin\{1,2,\cdots,J\}\times\{1,2,\cdots,M\}\times\{1,2,\cdots,K\} \tag{4-12}$$

$$\delta_{j+1,m}^{k}+\delta_{j,m-1}^{k}\geqslant\delta_{j,m}^{k},$$
$$\forall\langle j,m,k\rangle\in\{1,2,\cdots,J\}\times\{1,2,\cdots,M\}\times\{1,2,\cdots,K\}\backslash$$
$$\langle j_0^1,m_0^1,1\rangle,\cdots,\langle j_0^k,m_0^k,k\rangle \tag{4-13}$$

$$\delta_{j,m-1}^{k}+\delta_{j+1,m}^{k}-1\leqslant\delta_{j,m}^{k},$$
$$\forall\langle j,m,k\rangle\in\{1,2,\cdots,J\}\times\{1,2,\cdots,M\}\times\{1,2,\cdots,K\} \tag{4-14}$$

$$\sum_{k=1}^{K}\delta_{j,m}^{k}\leqslant1,$$
$$\forall\langle j,m,k\rangle\in\{1,2,\cdots,J\}\times\{1,2,\cdots,M\}\times\{1,2,\cdots,K\} \tag{4-15}$$

$$\delta_{j,m}^{k} \in \{0,1\},$$

$$\forall \langle j, m, k \rangle \in \{1, 2, \cdots, J\} \times \{1, 2, \cdots, M\} \times \{1, 2, \cdots, K\} \quad (4\text{-}16)$$

其中，K 表示初始事故的数目；$\langle j_0^k, m_0^k \rangle$ 是与事故 k 对应的起始单元格。约束条件(4-11)和约束条件(4-12)是模型的边界条件。约束条件 (4-13) 和约束条件(4-14)要求每一起初始事故造成的拥堵在时空上的传播均具有方向性。约束条件(4-15)要求每个单元格最多受到一起初始事故的影响。约束条件(4-16)要求决策变量 $\langle j^k, m^k \rangle$ 的取值为 0 或 1。

4.2.3 识别与初始事故对应的次生事故

利用 4.2.2 节中的模型能够确定初始事故的时空影响范围。接下来要完成的是确定后续发生的事故是否为与初始事故对应的次生事故。如图 4.2 所示，事故 A 发生后，在其事发位置的上游路段有两起事故（事故 B 和事故 C）。按照次生事故的定义，因为事故 B 的发生时间和位置在事故 A 造成的时空拥堵区域内，而事故 C 的发生时间和位置在事故 A 造成的时空拥堵区域外，所以事故 B 是与初始事故 A 对应的次生事故，

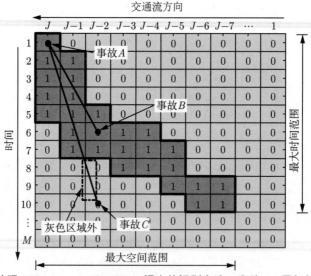

图 4.2   按照 Yang et al. (2013c) 提出的识别方法，事故 B 是与初始事故 A 对应的次生事故，而事故 C 不是

而事故 C 不是。然而，如果把图 4.2 中所示的最大时间范围和最大空间范围用作时空阈值来判断事故 B 和事故 C 是否为与初始事故 A 对应的次生事故，则两者都会被判定为与事故 A 对应的次生事故。

接下来，本书介绍 Yang 等 (2013c) 用到的判断后续发生的事故是否为次生事故的方法。该方法在其他的一些研究中也被用到 (Yang et al., 2013a,b, 2014a)。结合图 4.2 中的示例，本书简要介绍该方法的核心思想。考虑到图 4.2 中 3 起交通事故的发生时间和位置都是已知的，我们可以在时空图中确定它们各自对应的单元格。然后，在每一起后续事故和初始事故的单元格间进行连线，即可得到图中的线段 AB 和线段 AC。根据 Yang 等 (2013c) 提出的判断方法，如果所连线段完全被包括在初始事故造成的时空拥堵区域内，那么该线段一端对应的后续事故就被视作与该初始事故对应的次生事故。相反，如果所连线段没有完全被包括在初始事故造成的时空拥堵区域内，那么该线段一端对应的后续事故就被视作与该初始事故相互独立的事故。按照 Yang 等 (2013c) 提出的识别方法，图 4.2 中的事故 B 是与初始事故 A 对应的次生事故，而事故 C 不是。然而，该识别方法很容易造成识别错误。以图 4.3 中的情形为例，在该图中有另一起新的交通事故 D。事故 D 与事故 A 所在单元格间的连接线段 AD

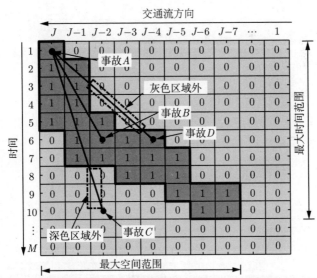

图 4.3　按照 Yang et al. (2013c) 提出的识别方法，事故 B 是与初始事故 A 对应的次生事故，而事故 C 和事故 D 都不是

没有完全被包括在初始事故 A 造成的时空拥堵区域中，区域外的线段部分被矩形框标注出来。那么，按照 Yang 等 (2013c) 提出的识别方法，事故 D 不是与初始事故 A 对应的次生事故。这显然与事实不符，因为事故 D 的发生时间和位置在初始事故 A 造成的时空拥堵区域内，按照次生事故的定义，事故 D 是与初始事故 A 对应的次生事故。

为了避免出现采用 Yang 等 (2013c) 所提出的识别方法时可能出现的错误，本书提出一种识别次生事故的新方法。考虑到初始事故造成的时空拥堵区域可以由 4.2.2 节中的模型确定，而且后续事故的发生时间和位置均已知，我们只需要遍历时空拥堵区域中的单元格，如果后续事故的发生时间和位置对应的时空坐标点落在时空拥堵区域中的某一个单元格内，则该后续事故被判定为与初始事故对应的次生事故；反之，该后续事故被判定为与初始事故相互独立的事故。以图 4.3 所示的情形为例，当采用本书提出的识别方法时，因为事故 B 和事故 D 对应的时空坐标点都落在图中的深灰色区域，而事故 C 对应的时空坐标点不在图中的深灰色区域，所以事故 B 和事故 D 都会被判定为与初始事故 A 对应的次生事故，而事故 C 则被判定为与初始事故 A 相互独立的事故。该识别结果符合次生事故的定义。

4.3　数值实验

本节主要利用两个实际案例进行的数值实验来验证本书提出的方法。其中，4.3.1 节介绍用到的数据，4.3.2 节介绍把数据代入模型进行计算的方法，4.3.3 节介绍实验结果并进行讨论。数值实验中的代码使用 Matlab R2015b 编写，整数规划模型使用 IBM ILOG CPLEX 12.5 进行求解。所有的计算都是在配置为 Intel 4.00 GHz CPU 和 16 GB 内存的台式计算机上完成的。

4.3.1　数据介绍

本书选取北京市北四环一段长为 5 km 的快速路进行数值实验。该快速路被切分成 50 个等长的路段，从东向西依次被标记为 1, 2, $\cdots$, 50。时间被以 5 min 长的时间间隔进行切分。因此，时空速度图的分辨率为 0.1 km

× 5 min。需要说明的是，本书选取的事故发生在从西向东方向的道路上。

实验采集了 2016 年 4 月浮动车在快速路上行驶时车载 GPS 设备回传的数据，包括行驶速度、车辆位置、车辆方向。GPS 设备回传数据的平均时间间隔为 30 s。速度数据被预先以 5 min 的时间间隔进行整合。利用整合得到的速度数据，可以绘制出相应的时空速度图。另外，实验还采集了 2016 年 4 月发生在该快速路上的交通事故报告，报告内容包括事发时间、事发位置、事故详情。从事故详情中，我们可以知道事故的类型（如追尾、剐蹭等）、伤亡严重程度、肇事车辆类型（如卡车、公共汽车、小汽车等）。根据事发时间和位置，我们可以在时空图中确定事故对应的时空坐标点。

4.3.2　代入模型计算

利用速度数据和事故报告数据，本书首先构建有事故发生情况下和无事故发生情况下的时空速度矩阵。对在时间间隔 m 内经过路段 j 的所有车辆速度取平均即可得到单元格 $\langle j, m \rangle$ 的速度 $s_{j,m}$。在选定的时空范围内，利用无事故发生情况下的历史速度数据，可以计算出 $s_{j,m}$ 的均值和标准差，即 $\bar{s}_{j,m}$ 和 $\sigma_{j,m}$。当有事故发生时，则把单元格 $\langle j, m \rangle$ 的速度记为 $\hat{s}_{j,m}$。由此就可以分别得到无事故发生和有事故发生的情况下的时空速度矩阵。其次，利用式(4-1)就可以计算得到 $P_{j,m}$ 的值。然后，将 $P_{j,m}$ 作为模型的输入，利用分支定界算法即可求解得到 $\delta_{j,m}^{k}$ 的值，并确定初始事故造成的时空拥堵区域。最后，按照 4.2.3 节中提出的方法来识别后续事故是否为与初始事故对应的次生事故。需要说明的是，对于参数 α 的取值，本书参照 3.5 节中的做法并选取与其相同的取值，即 α 的取值为 4.2。

4.3.3　结果和讨论

实验选取的两个案例分别发生在高峰时段和平峰时段，它们对应的时空速度图分别如图 4.4 和图 4.5 所示。在这两幅图中，横轴表示道路长度，纵轴表示时间。车辆行驶速度的高低用不同的颜色来表示，红色表示车辆行驶速度较低，绿色表示车辆行驶速度较高。在图 4.4 所示的高峰时段的时空速度图中，有一起初始事故（事故 A）发生在 4 月 12 日 16:10，该事故的发生时间和位置在时空速度图中用圆圈标注出来。事故 A 发生后，在选定的时空范围内，后续又有两起交通事故（事故 B 和事故 C）

发生。这两起事故分别发生在 16:31 和 17:02，它们的发生时间和位置在时空速度图中同样用圆圈标注出来。在图 4.5 所示的平峰时段的时空速度图中，有一起初始事故（事故 E）发生在 4 月 16 日 9:32。事故 E 发生后，在选定的时空范围内，后续又有两起交通事故（事故 F 和事故 G）发生。这两起事故分别发生在 9:36 和 9:57。这些事故的事发时间和位置在时空速度图中同样用圆圈标注出来。

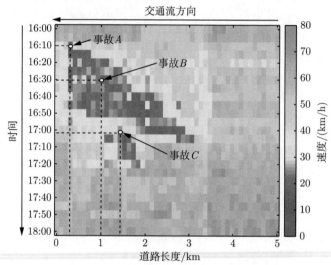

图 4.4　高峰时段的时空速度图（见文前彩图）

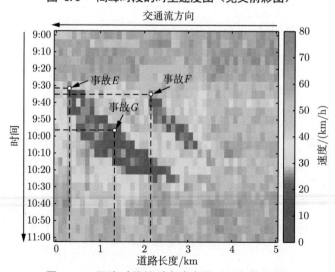

图 4.5　平峰时段的时空速度图（见文前彩图）

按照 4.3.2 节中所述的步骤，对于图 4.4 所示的时空速度图，经模型求解后可得到如图 4.6 所示的事故造成的时空拥堵区域。在图 4.6 中，利用 4.2.3 节中提出的方法，可以判定事故 B 是与初始事故 A 对应的次生事故，而事故 C 与初始事故 A 相互独立。类似地，对于图 4.5 所示的时空速度图，经模型求解后可得到如图 4.7 所示的事故造成的时空拥堵区

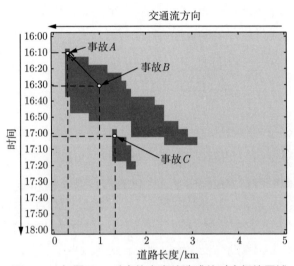

图 4.6   与图 4.4 对应的由事故造成的时空拥堵区域

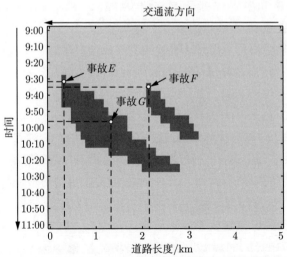

图 4.7   与图 4.5 对应的由事故造成的时空拥堵区域

域。在图 4.7 中，利用 4.2.3 节中提出的方法，可以判定事故 G 是与初始事故 E 对应的次生事故，而事故 F 与初始事故 E 相互独立。

接下来，对于上述两个案例，将利用本书方法得到的识别结果与利用基于固定时空阈值的方法 (Green et al., 2012; Hirunyanitiwattana et al., 2006; Tian et al., 2016b; Zhan et al., 2008) 和基于时空速度图的方法 (Yang et al., 2013c, 2014a,b) 得到的识别结果进行对比，以验证本书的方法可以减少次生事故的识别错误。需要说明的是，本书之所以没有与基于排队模型的方法和基于交通波传播规律的方法进行对比，是因为数据的限制。具体而言，基于排队模型的方法还需要车辆到达率和离开率、事故时长、车道容量等数据 (Yang et al., 2017b)，基于交通波传播规律的方法还需要车流量和车辆密度的数据 (Yang et al., 2018)。

在表 4.1 中，本书对比了基于固定时空阈值的方法、基于时空速度图的方法和本书的方法的识别结果。第 1 列是相关研究；第 2 列和第 3 列分别是研究中用到的时间阈值和空间阈值；第 4 列和第 5 列分别是事故 B 和事故 C 是否为与初始事故 A 对应的次生事故的判断结果；第 6 列和第 7 列分别是事故 F 和事故 G 是否为与初始事故 E 对应的次生事故的判断结果。以第 1 行为例，Zhan 等 (2008) 采用的时间阈值为 15 min，空间阈值为 2 mi（约为 3.2 km）。按照 Zhan 等 (2008) 采用的判断标准，事故 B 和事故 C 都不是与初始事故 A 对应的次生事故，事故 F 是与初始事故 E 对应的次生事故，而事故 G 不是与初始事故 E 对应的次生事故。当采用不同的时间阈值或空间阈值时，如 Hirunyanitiwattana 等 (2006) 用到的 60 min 和 2 mi，Green 等 (2012) 用到的 80 min 和 6000 ft（约为 1.8 km，1 ft≈0.3048 m），以及 Tian 等 (2016b) 用到的 120 min 和 2 mi，事故 B 和事故 C 都被判定为与初始事故 A 对应的次生事故，事故 F 和事故 G 也都被判定为初始事故 E 对应的次生事故。

由表 4.1 中的结果可以发现，对于基于固定时空阈值的方法而言，当时空边界阈值的取值偏大时，原本不是与初始事故对应的次生事故会被错误地识别为次生事故，而当时空边界阈值的取值偏小时，原本是与初始事故对应的次生事故会被错误地排除。对于基于时空速度图的方法而言，由于 4.2.3 节中提到的局限，该方法在事故 B 的识别上出现了错误。总的来讲，与表 4.1 中基于固定时空阈值的方法和基于时空速度图的方法相比，本书的方法能够准确地判断后续事故是否为与初始事故对应的次生事故，减少次生事故的识别错误。

表 4.1　利用已有文献中一些基于固定时空阈值的方法与基于时空速度图的方法，
以及本书方法得到的识别结果

相关研究	时间阈值/min	空间阈值	后续事故是否为次生事故？			
			初始事故 A		初始事故 E	
			事故 B	事故 C	事故 F	事故 G
Zhan 等 (2008)	15	2 mi	×	×	√	×
Hirunyanitiwattana 等 (2006)	60	2 mi	√	√	√	√
Green 等 (2012)	80	6000 ft	√	√	√	√
Tian 等 (2016b)	120	2 mi	√	√	√	√
Yang 等 (2013c)			×	×	×	√
Yang 等 (2014a)			×	×	×	√
Yang 等 (2014b)			×	×	×	√
本书方法			√	×	×	√
真实情况			√	×	×	√

　　另外，本书还测试了时空速度图的分辨率对表 4.1 中识别结果的影响。我们以 1 min 为步幅，从 1~10 min 逐渐增大时间间隔，还以 20 m 为步幅，从 60~200 m 逐渐增加路段长度。对于基于固定时空阈值的方法而言，后续发生的事故是否为与初始事故对应的次生事故只取决于所选取的时间阈值和空间阈值的大小，识别结果不会随时间间隔或路段长度的改变而改变。对于基于时空速度图的方法而言，当时间间隔不长于 7 min 或路段长度不大于 120 m 时，表 4.1 中第 5~7 行的结果不变。对于本书的方法而言，当时间间隔不长于 5 min 且路段长度不大于 100 m 时，时空速度图被切分成更多小的时空单元格，本书的方法得到的结果保持不变。随着时间间隔与路段长度进一步变大，分辨力最后变为 0.2 km × 10 min，我们发现事故 B（或事故 G）依然落在事故 A（或事故 E）造成的时空拥堵区域中，而事故 C（或事故 F）不在。这说明根据本书的方法得到的识别结果没有随着分辨力的变化而变化。

4.4　本章小结

　　本章在第 3 章研究工作的基础上提出识别与初始事故对应的次生事故的新方法，结合时空速度图中交通波的传播规律来识别快速路上的次生事故。对于一个给定的初始事故，我们首先计算出与之对应的时空速度矩阵，并据此绘制时空速度图。然后，结合交通波的传播规律估算受初始事故影响的时空区域，这可以参考第 3 章中的模型来实现，该模型能够保证受初始事故影响的时空区域的形状满足交通波的传播规律。其次，我们对模型进行拓展以处理在选定的时空范围内包含多起初始事故的情形，对于每起初始事故的时空影响区域而言，其形状依然满足交通波的传播规律。再次，利用已得到的受初始事故影响的时空区域，我们可以判定后续发生的事故是否为与初始事故对应的次生事故。最后，我们利用真实数据进行数值实验来验证本书的方法。通过与基于固定时空边界阈值的方法和基于时空速度图的方法进行对比，结果表明，本书提出的方法能够减少次生事故的识别错误。

第 5 章　利用车流速度的时空演变修正
事故报告中事发时间和位置的偏差

5.1　本　章　引　言

事故发生时间和位置的准确信息对于开展进一步的事故分析至关重要。首先，事故的发生时间和位置可用于研究事故的时间分布和空间分布。这有助于确定事故频繁发生的时间段和危险路段 (Bíl et al., 2013; Castro et al., 2012; Imprialou et al., 2019)。其次，将事故的发生时间和位置作为输入数据，可以估算事故的时空影响范围，进而量化事故造成的车辆延误 (Chung, 2011, 2013; Wang et al., 2018; Yang et al., 2017b)。不仅如此，利用事故的发生时间和位置的数据，还可以进一步研究事故发生频数或事故造成的车辆延误与各种因素之间的关系，如事故类型、事发时间段、道路几何形状、交通流特征及天气状况等。这有助于制定具有针对性的措施，以减少事故发生和减轻事故影响 (Lord et al., 2010; Noland et al., 2005; Shively et al., 2010; Wang et al., 2009, 2013)。

已经有很多文献指出事故报告中记录的事发时间和位置经常与实际的事发时间和位置存在偏差 (Chung et al., 2015a; Imprialou et al., 2019; Wang et al., 2009)。

（1）事故报告中记录的事发时间和实际的事发时间存在偏差主要是因为事故信息记录系统会自动把事故报告的时间记录为事故发生的时间。例如，事故报案人打电话告知交管人员，而系统则把电话报案的时间记录为事故发生的时间。然而，在实际的事故场景中，报案人在电话报警前一般都会尝试自行协商解决，自行协商无果后才选择报警。如图 5.1 所示，北京市蓟门桥附近发生了两起交通事故，图中的表格记录了这两起事故的信息，表格的第 1 列是事故编号，第 2 列是事发时间，第 3 列是事发位置的文字描述。图 5.1 的表格中的事发时间实际上是交管人员接听电话的时间。尽管一些城市会要求报案人提供事故的发生时间，但是报案人也只是粗略地估计事发时间，其提供的事发时间往往还是会与实际的事发时间存在偏差 (Imprialou et al., 2019)。

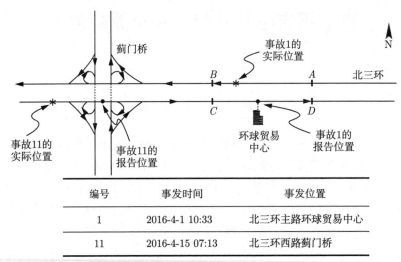

编号	事发时间	事发位置
1	2016-4-1 10:33	北三环主路环球贸易中心
11	2016-4-15 07:13	北三环西路蓟门桥

图 5.1   事故报告中记录的事发时间和位置均与实际情况存在偏差
事发时间为事故报告给交管部门的时间，而非实际的事发时间；事发位置的文字
描述提供的信息不完整且含糊不清

（2）事故报告中记录的事发位置和实际的事发位置存在偏差主要是因为事故报告中关于事发位置的文字描述缺少统一规范，难以用于确定准确的事发位置 (Zandbergen, 2008)。报案人会使用各种不同的方式来描述事故发生的位置，例如，利用附近的地标建筑（如地铁站或建筑物）、街道、路口或立交桥来描述事发位置，也可能会同时使用这些方式。文字描述的不完整和含糊不清会进一步加剧事发位置记录的不准确 (Burns et al., 2014)。对于图 5.1 中的两起事故，它们发生在北三环快速路上。事故发生的实际位置由 "∗" 符号标记出来，事故报告中关于事发位置的文字描述如图 5.1 中表格第 3 列所示。对于事故 1，其实际的事发位置仅根据文字描述中提到的"环球贸易中心"难以确定。另外，由于文字描述中没有提到车辆的行驶方向，我们无法知道事故 1 是发生在道路 AB 还是

道路 CD 上。对于事故 11，仅根据其事发位置的文字描述只能知道事故发生在蓟门桥附近。考虑到蓟门桥是一座立交桥，仅根据文字描述无法确定准确的事发位置。

虽然有很多研究致力于修正事故报告中存在的偏差，但是它们都只是关注事发位置的偏差，而忽略了事发时间的偏差。本章提出一种能够同时修正事故报告中事发时间和位置偏差的方法。对于给定的事故，我们首先在报告的事发位置周围选出可能的事发道路。其次，根据各条可能的事发道路上车辆行驶速度的时空演变，选择一条与事故发生时速度时空演变最一致的道路，并将此道路确定为最终的事发道路。我们通过建立整数规划模型来完成这样一个选择过程，而且模型能够输出受事故影响的时空区域。然后，根据时空区域中速度最先开始降低的单元格确定事故发生的时间和位置，并据此修正事故报告中事发时间和位置的偏差。本章还严格地证明了即使在事故发生的时间和位置均未知且存在多条可能事发道路的情况下，模型输出的受事故影响的时空区域依然满足交通波的传播规律，从而放松了现有研究中关于事发时间和位置均已知的假设 (Chung et al., 2015b; Wang et al., 2018)。最后，利用真实数据进行数值实验来验证模型。实验结果表明，本书模型将平均时间偏差从 7.3 min 降到了 1.6 min，降幅达 78.08%，并将平均位置偏差从 0.156 km 降到了 0.024 km，降幅达 84.62%。另外，本书还针对事故造成相反道路方向上的拥堵以及在时空区域中存在多起事故的情形进行了拓展讨论。

本章结构如下：5.2 节介绍利用车流速度的时空演变确定事发时间和位置；5.3 节介绍模型的框架，包括识别可能的事发道路、绘制时空速度图、建立约束条件和目标函数；5.4 节介绍模型的性质，并进行证明；5.5 节利用真实数据进行数值实验以验证本书的模型；5.6 节对模型进行拓展讨论；5.7 节对本章内容进行总结。

5.2　利用车流速度的时空演变确定事发时间和位置

通过第 3 章和第 4 章的研究可知，利用车辆 GPS 数据可以计算出道路上高精度的车辆行驶速度。例如，我们能够以 5 min 的时间间隔，计算长为 100 m 的路段在一定时间段内的速度。这使我们能够在时空速度图中观察车辆行驶速度的时空演变过程。本节介绍如何利用车流速度的时空演变确定事发时间和位置。其中，5.2.1 节介绍当事故位置所在的道路已知时，如何利用车流速度的时空演变确定事故的发生时间和位置，5.2.2节介绍当事故位置所在的道路未知时，如何利用车流速度的时空演变确定事故位置所在的道路及事故的发生时间和位置。

5.2.1　当事故位置所在的道路已知时

当道路上发生交通事故时，事发位置附近路段上的车辆速度会降低，而且随着时间推移，上游路段上的车辆速度也会因受到影响而降低。当事故影响清除后，车辆速度会逐渐恢复正常。车辆速度的时空演变可以用时空速度图刻画 (Tian et al., 2015, 2016a; Wang et al., 2018)。以图 5.1 中道路 AB 上发生的事故 1 为例，道路 AB 上的时空速度图如图 5.2（a）所示。在图 5.2（a）中，横轴表示上游位置与 B 点之间的距离，纵轴表示时间。通常来讲，道路会被切分成等长的路段，时间会被切分成等长的时间间隔。对于给定的路段和时间间隔，可以在时空速度图中确定与之对应的单元格。该单元格的速度可以利用车辆 GPS 数据计算得到。在图 5.2（a）中，车辆速度快慢用不同的颜色表示。其中，红色表示车辆速度较慢，而绿色表示车辆速度较快。

在时空速度图中，我们分别用正方形和圆形标注出实际的事发时间和位置及事故报告中的事发时间和位置。正方形和圆形之间竖直方向的差值对应事故报告中的事发时间和实际的事发时间之间的偏差，水平方向的差值对应事故报告中的事发位置和实际的位置的偏差。从图 5.2（a）可以看出，事故报告中的事发时间晚于实际的事发时间，事故报告中的事发位置位于实际的事发位置的上游。

为了修正事故报告中事发时间和位置的偏差，我们需要估算出实际的事发时间和位置。这可以通过估算时空速度图中正方形所在的位置来实现。考虑到正方形所在的位置对应车辆速度最先开始降低时的时间和位置，我们根据受事故影响的时空区域来确定正方形所在的位置。如图 5.2（b）所示，该图中黑色区域是受事故影响的时空区域，该区域中单元格的速度明显降低，而黑色区域之外的单元格的速度在正常范围内，没有受到事故的影响。黑色区域中最左上角的位置用三角形标注出来，对应受到事故影响的最早时间和最下游位置。该三角形在时空速度图中的时间和位置可用于确定实际的事发时间和位置。

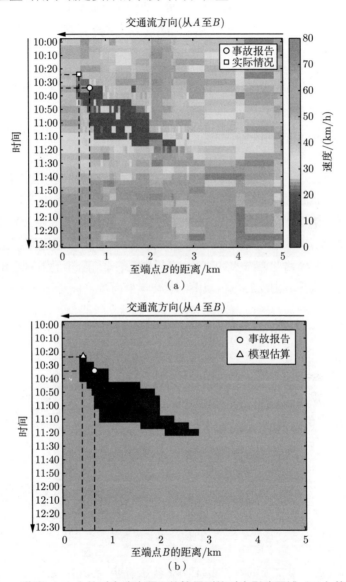

图 5.2 道路 *AB* 上的时空速度图和估算得到的时空影响区域（见文前彩图）

（a）时空速度图，圆形和正方形分别对应事故报告中的与实际的事发时间和位置；（b）受事故影响的
时空区域，圆形和三角形分别对应事故报告中的与估算的事发时间和位置

5.2.2　当事故位置所在的道路未知时

　　当存在多条可能的事发道路时，我们可以绘制出所有可能事发道路上的时空速度图，并选取与事故发生时速度时空演变最一致的道路作为事发道路。同样以图 5.1 中的事故 1 为例，假设我们不知道事故发生在哪条道路上，由于道路 *AB* 和道路 *CD* 都位于环球贸易中心附近，它们都可能是事发道路。道路 *AB* 上的时空速度图和受事故影响的时空区域分别如图 5.2（a）和图 5.2（b）所示。道路 *CD* 上的时空速度图如图 5.3（a）所示，可以发现，该图中所有单元格的速度都没有明显的降低。根据如图 5.3（a）所示的时空速度图，能够得到如图 5.3(b) 所示的时空区域，可以发现，该图中的所有单元格都没有受到事故影响，因此没有出现受事故影响的黑色时空区域。图 5.3（a）和图 5.3（b）中的圆形表示事故报告中记录的事发时间和位置。相较于图 5.3（b），图 5.2（b）中的时空影响区域更符合有事故发生时的速度时空演变，因此事故更可能发生在道路 *AB* 上。当事发道路不止两条时，上述确定事发道路的方法依然适用。需要说明的是，图 5.2（b）和图 5.3（b）中的时空影响区域由求解 5.3 节中的优化模型而得。

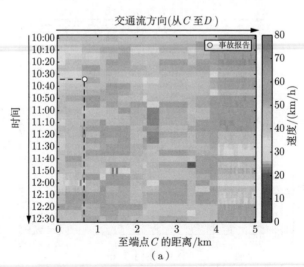

图 5.3　道路 *CD* 上的时空速度图和估算得到的时空影响区域（见文前彩图）

（a）时空速度图，圆形对应事故报告中的事发时间和位置；（b）受事故影响的时空区域，圆形对应事故报告中的事发时间和位置

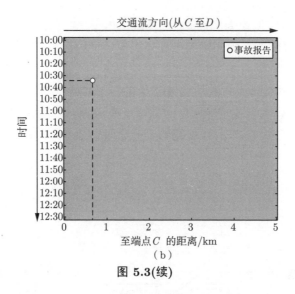

图 5.3(续)

5.3　模型框架

从 5.2 节介绍的内容可知，利用时空速度图估算出道路上的时空影响区域是研究方法的核心。尽管已有不少文献致力于这方面的研究 (Chung et al., 2015b; Wang et al., 2018; Yang et al., 2017b)，但是它们主要基于以下两个假设：①事故位置所在的道路已知；②准确的事发时间和位置均已知。由于这两个假设对于我们所研究的问题不成立，因此已有文献中的方法不能直接用来解决我们所要研究的问题。对此，我们在第 3 章研究工作的基础上，建立不需要上述两个假设的优化模型。该模型不仅能够从所有可能的事发道路中选出最符合有事故发生情况下速度时空演变的道路，还能够确定该道路上事故的发生时间和位置。在本章中，5.3.1 节介绍如何选择可能的事发道路，5.3.2 节介绍如何绘制时空速度图，5.3.3 节介绍模型的约束条件，5.3.4 节介绍模型的目标函数。

5.3.1　选择可能的事发道路

对于给定的交通事故，我们首先利用谷歌地图提供的地址解析功能，根据事发位置的文字描述获取该位置的经纬度坐标。其次，按照 Imprialou 等 (2014) 详细介绍的方法识别出可能的事发道路。具体做法如下：以事故报告中的事发位置为中心画圆，与圆相交的道路都被视作可能的事发道路。我们以图 5.4 中的示例来简要概述该过程，在该图中，点 O 是根据地址解析功能返回的经纬度坐标确定的事故位置。以点 O 为圆心绘制一个半径为 r 的圆，可以发现该圆与北三环上两个方向的城市快速路相交，即道路 A_1B_1（从东向西方向）和道路 B_2A_2（从西向东方向）。OP_1 和 OP_2 分别是从 O 到两条道路的垂直线段。

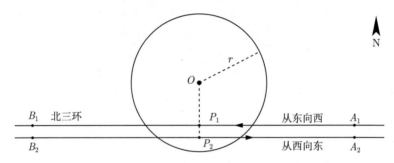

图 5.4   以事故位置为中心画圆并选择可能的事发道路

由于事故报告中没有记录车辆的行驶方向，若只是简单地根据垂直距离的大小选择距离较近的路段 A_1B_1 作为事发道路，就不可避免地会造成事发位置的偏差。接下来，我们会介绍如何通过建立模型来确定事故到底发生在哪条道路上。如果我们能够先确定事故发生在道路 B_2A_2 上，那么利用时空速度图中速度最先出现降低的时间和位置就可以进一步确定事发时间和位置。

5.3.2   绘制时空速度图

从 5.2 节介绍的内容可知，车流速度的时空演变可以用时空速度图表示。时空速度图的横轴表示道路上的位置，纵轴表示时间。与第 3 章中的做法一样，我们首先将时间切分为等长的时间间隔，从 1 至 M 依次为这些时间间隔编号，并用 m^* 表示与事故报告中的事发时间对应的时间间隔。这意味着 $1 \leqslant m^* \leqslant M$。需要说明的是，所选取的时间范围要开始于事故报告中的事发时间之前，且在事故造成的影响完全消除之后才结束。

假设总共有 N 条可能的事发道路，把每条道路都切分成等长的路段。

对于道路 n，用 J_n 表示该道路上路段的总数，这些路段按照从上游到下游的顺序依次从 $1 \sim J_n$ 进行编号。用 P_n 表示报告的事故位置与道路 n 的垂直交点，用 j_n^* 表示包含点 P_n 的路段。这意味着 $1 \leqslant j_n^* \leqslant J_n$，而且 j_n^* 上游的路段可能受到事故的影响。

对于道路 n，用 $s_{j,m,n}$ 表示在时间间隔 m 内经过路段 j 的车辆行驶速度。假设某一天在道路 n 上发生了一起交通事故，我们可以得到有事故发生情况下的 $s_{j,m,n}$，即 $\hat{s}_{j,m,n}$，其中 $j = 1, 2, \cdots, J_n$ 和 $m = 1, 2, \cdots, M$，进而构建出如图 5.5 所示的有事故发生情况下的速度矩阵。利用无事故发生情况下的历史速度数据，可以计算出 $s_{j,m,n}$ 的均值（$\bar{s}_{j,m,n}$）和标准差（$\sigma_{j,m}$），进而构建出如图 5.6 所示的无事故发生情况下的速度矩阵。如果 $\hat{s}_{j,m,n}$ 明显小于 $\bar{s}_{j,m,n}$，如 $\hat{s}_{j,m,n} \leqslant \bar{s}_{j,m,n} - \alpha\sigma_{j,m,n}$，其中 α 的取值为正数 (Chung, 2011; Wang et al., 2018)，可以认为道路 n 上的单元格 $\langle j, m \rangle$ 受到事故的影响。我们定义如下的二元指示变量 $P_{j,m,n}$ 来表示 $\hat{s}_{j,m,n}$ 是否明显小于 $\bar{s}_{j,m,n}$：

$$P_{j,m,n} = \begin{cases} 1, & \text{如果} \hat{s}_{j,m,n} \leqslant \bar{s}_{j,m,n} - \alpha\sigma_{j,m,n} \\ 0, & \text{反之} \end{cases} \tag{5-1}$$

时间	路段 (交通流方向 ←)						
	J_n	$\cdots$	j_n^*	$\cdots$	j	$\cdots$	1
1	$\hat{s}_{J_n,1,n}$	$\cdots$	$\hat{s}_{j_n^*,1,n}$	$\cdots$	$\hat{s}_{j,1,n}$	$\cdots$	$\hat{s}_{1,1,n}$
2	$\hat{s}_{J_n,2,n}$	$\cdots$	$\hat{s}_{j_n^*,2,n}$	$\cdots$	$\hat{s}_{j,2,n}$	$\cdots$	$\hat{s}_{1,2,n}$
3	$\hat{s}_{J_n,3,n}$	$\cdots$	$\hat{s}_{j_n^*,3,n}$	$\cdots$	$\hat{s}_{j,3,n}$	$\cdots$	$\hat{s}_{1,3,n}$
$\vdots$	$\vdots$	$\vdots$	$\vdots$	$\vdots$	$\vdots$	$\vdots$	$\vdots$
m^*	$\hat{s}_{J_n,m^*,n}$	$\cdots$	$\hat{s}_{j_n^*,m^*,n}$	$\cdots$	$\hat{s}_{j,m^*,n}$	$\cdots$	$\hat{s}_{1,m^*,n}$
$\vdots$	$\vdots$	$\vdots$	$\vdots$	$\vdots$	$\vdots$	$\vdots$	$\vdots$
m	$\hat{s}_{J_n,m,n}$	$\cdots$	$\hat{s}_{j_n^*,m,n}$	$\cdots$	$\hat{s}_{j,m,n}$	$\cdots$	$\hat{s}_{1,m,n}$
$\vdots$	$\vdots$	$\vdots$	$\vdots$	$\vdots$	$\vdots$	$\vdots$	$\vdots$
M	$\hat{s}_{J_n,M,n}$	$\cdots$	$\hat{s}_{j_n^*,M,n}$	$\cdots$	$\hat{s}_{j,M,n}$	$\cdots$	$\hat{s}_{1,M,n}$

图 5.5　道路 n 上有事故发生情况下的速度矩阵

$\hat{s}_{j,m,n}$ 表示有事故发生情况下在时间间隔 m 内经过路段 j 的车辆速度；
m^* 和 j_n^* 分别对应报告的事发时间和位置

时间	路段 (交通流方向 ←)						
	J_n	$\cdots$	j_n^*	$\cdots$	j	$\cdots$	1
1	$\bar{s}_{J_n,1,n}, \sigma_{J_n,1,n}$	$\cdots$	$\bar{s}_{j_n^*,1,n}, \sigma_{j_n^*,1,n}$	$\cdots$	$\bar{s}_{j,1,n}, \sigma_{j,1,n}$	$\cdots$	$\bar{s}_{1,1,n}, \sigma_{1,1,n}$
2	$\bar{s}_{J_n,2,n}, \sigma_{J_n,2,n}$	$\cdots$	$\bar{s}_{j_n^*,2,n}, \sigma_{j_n^*,2,n}$	$\cdots$	$\bar{s}_{j,2,n}, \sigma_{j,2,n}$	$\cdots$	$\bar{s}_{1,2,n}, \sigma_{1,2,n}$
3	$\bar{s}_{J_n,3,n}, \sigma_{J_n,3,n}$	$\cdots$	$\bar{s}_{j_n^*,3,n}, \sigma_{j_n^*,3,n}$	$\cdots$	$\bar{s}_{j,3,n}, \sigma_{j,3,n}$	$\cdots$	$\bar{s}_{1,3,n}, \sigma_{1,3,n}$
$\vdots$	$\vdots$	$\vdots$	$\vdots$	$\vdots$	$\vdots$	$\vdots$	$\vdots$
m^*	$\bar{s}_{J_n,m^*,n}, \sigma_{J_n,m^*,n}$	$\cdots$	$\bar{s}_{j_n^*,m^*,n}, \sigma_{j_n^*,m^*,n}$	$\cdots$	$\bar{s}_{j,m^*,n}, \sigma_{j,m^*,n}$	$\cdots$	$\bar{s}_{1,m^*,n}, \sigma_{1,m^*,n}$
$\vdots$	$\vdots$	$\vdots$	$\vdots$	$\vdots$	$\vdots$	$\vdots$	$\vdots$
m	$\bar{s}_{J_n,m,n}, \sigma_{J_n,m,n}$	$\cdots$	$\bar{s}_{j_n^*,m,n}, \sigma_{j_n^*,m,n}$	$\cdots$	$\bar{s}_{j,m,n}, \sigma_{j,m,n}$	$\cdots$	$\bar{s}_{1,m,n}, \sigma_{1,m,n}$
$\vdots$	$\vdots$	$\vdots$	$\vdots$	$\vdots$	$\vdots$	$\vdots$	$\vdots$
M	$\bar{s}_{J_n,M,n}, \sigma_{J_n,M,n}$	$\cdots$	$\bar{s}_{j_n^*,M,n}, \sigma_{j_n^*,M,n}$	$\cdots$	$\bar{s}_{j,M,n}, \sigma_{j,M,n}$	$\cdots$	$\bar{s}_{1,M,n}, \sigma_{1,M,n}$

图 5.6　道路 n 上无事故发生情况下的速度矩阵

$\bar{s}_{j,m,n}$ 和 $\sigma_{j,m,n}$ 分别表示无事故发生情况下在时间间隔 m 内经过
路段 j 的车辆速度的均值和标准差

图 5.7 给出了一个 $P_{j,m,n}$ 取值的示例，其中 $P_{j,m,n} = 1$ 对应的单元格被标注为深灰色。根据已有的文献可知，深灰色单元格组成的时空区域的形状应满足交通波的传播规律 (Chung, 2011; Wang et al., 2018)，即应遵循以下 3 个规则：①交通波在时空上的传播必须是不间断的；②随着时间的推移，交通波的空间边界必须逆着交通流方向往上游路段移动；③受事故影响的时空区域的边界必须是连续不断的。由于数据受噪声和其他一些外部因素影响，这些深灰色单元格组成的时空区域可能并不能满足上述规则。

图 5.8 中展示了将图 5.7 所示的 $P_{j,m,n}$ 作为模型输入而得到的受事故影响的时空区域，可以发现，该图中深灰色单元格组成的时空区域满足交通波的传播规律。为了得到如图 5.8 所示的结果，本书定义如下的二元决策变量 $\delta_{j,m,n}$ 来表示时空单元格是否真正受到事故的影响：

$$\delta_{j,m,n} = \begin{cases} 1, \text{如果道路 } n \text{ 上的单元格 } \langle j,m,n \rangle \text{ 真正受到事故影响} \\ 0, \text{反之} \end{cases} \tag{5-2}$$

本书还定义了决策变量 $\gamma_{j,m,n}$。如果事故在时间间隔 m 内发生在道路 n 上的路段 j，即单元格 $\langle j,m,n \rangle$，则 $\gamma_{j,m,n}$ 的值为 1；反之，$\gamma_{j,m,n}$ 的值为 0。当 $\gamma_{j,m,n} = 1$ 时，事故造成的影响起始于道路 n 上的单元格 $\langle j,m \rangle$。也就是说，在时间间隔 m 内最早观察到事故的影响且路段 j 是

受到事故影响的最下游路段。因此，道路 n 上的单元格 $\langle j,m \rangle$ 被称作事故影响的起始单元格。在图 5.8 的示例中，单元格 $\langle J_n-2,4 \rangle$ 即为事故影响的起始单元格。

交通流方向

	J_n	J_n-1	J_n-2	J_n-3	J_n-4	J_n-5	J_n-6	J_n-7	J_n-8	J_n-9	$\cdots$	1
1	0	0	0	0	0	0	0	0	0	0	0	0
2	0	1	0	0	0	0	0	0	0	0	0	0
3	0	0	0	0	1	0	0	0	0	0	0	0
4	0	0	1	0	0	0	0	0	0	0	0	0
5	1	0	1	1	0	0	0	0	0	0	0	0
6	0	0	1	1	0	0	0	0	0	0	0	0
7	0	0	1	0	0	1	1	0	0	0	0	0
8	0	0	1	1	1	0	0	1	0	0	0	0
9	0	0	0	1	1	1	1	0	0	0	0	0
10	0	0	0	1	1	1	0	1	0	0	1	0
11	0	0	1	0	0	1	1	1	0	0	0	0
12	0	0	0	1	0	0	0	1	1	1	0	0
13	0	0	0	1	0	0	0	0	1	1	0	0
$\vdots$	0	0	0	0	0	1	0	0	0	0	0	0
M	0	0	0	0	0	0	0	1	0	1	0	0

时间（纵轴）

图 5.7 利用 $\bar{s}_{j,m,n}$ 和 $\hat{s}_{j,m,n}$，根据式 (5-1) 得到的二元指示变量 $P_{j,m,n}$ 的示例

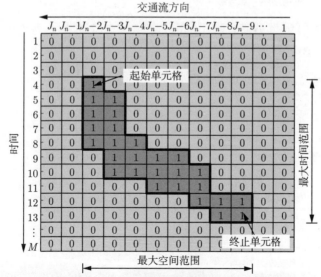

图 5.8 以图 5.7 所示的 $P_{j,m,n}$ 作为输入，期望得到的由决策变量 $\delta_{j,m,n}$ 组成的时空影响区域

类似地，我们定义了决策变量 $\zeta_{j,m,n}$。如果事故造成的影响在时间间隔 m 内在道路 n 上的路段 j 结束，即单元格 $\langle j,m,n \rangle$，则 $\zeta_{j,m,n}$ 的值为 1；反之，$\zeta_{j,m,n}$ 的值为 0。当 $\zeta_{j,m,n} = 1$ 时，事故造成的影响终止于道路 n 上的单元格 $\langle j,m \rangle$。也就是说，在时间间隔 m 内事故造成的影响结束且路段 j 是受到事故影响的最上游路段。因此，道路 n 上的单元格 $\langle j,m \rangle$ 被称作事故影响的终止单元格。在图 5.8 的示例中，单元格 $\langle J_n - 9, 13 \rangle$ 即为事故影响的终止单元格。

综上所述，我们可得如下的变量定义：

$$\gamma_{j,m,n} = \begin{cases} 1, & \text{如果事故造成的影响起始于道路 } n \text{ 上单元格 } \langle j,m \rangle \\ 0, & \text{反之} \end{cases} \tag{5-3}$$

$$\zeta_{j,m,n} = \begin{cases} 1, & \text{如果事故造成的影响终止于道路 } n \text{ 上单元格 } \langle j,m \rangle \\ 0, & \text{反之} \end{cases} \tag{5-4}$$

在图 5.8 中，我们标注出事故影响的最大空间范围和最大时间范围。其中，最大空间范围是指事故起始位置与受事故影响的最上游路段之间的距离，其值可以表示为 $\sum_{j=1}^{J_n} j\gamma_{j,m,n} - \sum_{j=1}^{J_n} j\zeta_{j,m,n}$。最大空间范围是指事故起始时刻与事故影响完全消失时刻之间的时长，其值可以表示为 $\sum_{m=1}^{M} m\zeta_{j,m,n} - \sum_{m=1}^{M} m\gamma_{j,m,n}$。

当得到 $\gamma_{j,m,n}$ 的取值后，我们就可以确定事发时间（$\hat{m}$）、事发道路（$\hat{n}$）和事发路段（$\hat{j}$）：

$$\hat{m} = \sum_{j=1}^{J_n} \sum_{m=1}^{M} m\gamma_{j,m,n} \tag{5-5}$$

$$\hat{n} = \sum_{n=1}^{N} n \left(\sum_{j=1}^{J_n} \sum_{m=1}^{M} \gamma_{j,m,n} \right) \tag{5-6}$$

$$\hat{j} = \sum_{j=1}^{J_n} \sum_{m=1}^{M} j\gamma_{j,m,n} \tag{5-7}$$

$\delta_{j,m,n}$、$\gamma_{j,m,n}$ 和 $\zeta_{j,m,n}$ 的值由求解 5.3.3 节中的约束条件和 5.3.4 节中的目标函数组成的优化模型而得。由 $\delta_{j,m,n}$ 的取值确定的受事故影响的时空区域的形状能满足交通波的传播规律，而且 $\delta_{j,m,n}$ 与 $P_{j,m,n}$ 的差异最小。

5.3.3　约束条件

5.3.3.1　选择事发道路

尽管存在多条可能的事发道路，但事故只可能发生在其中的一条道路上。这可以用如下约束条件表示：

$$\sum_{n=1}^{N}\sum_{j=1}^{J_n}\sum_{m=1}^{M}\gamma_{j,m,n}=1 \tag{5-8}$$

$$\sum_{n=1}^{N}\sum_{j=1}^{J_n}\sum_{m=1}^{M}\zeta_{j,m,n}=1 \tag{5-9}$$

5.3.3.2　事故影响的起始单元格

如果事故造成的影响起始于道路 n 上的单元格 $\langle j,m\rangle$（$\gamma_{j,m,n}=1$），那么该单元格必然受到事故的影响，即 $\delta_{j,m,n}$ 的值必然为 1。这可以用如下约束条件表示：

$$\gamma_{j,m,n}\leqslant\delta_{j,m,n},\quad\forall 1\leqslant j\leqslant J_n, 1\leqslant m\leqslant M, 1\leqslant n\leqslant N \tag{5-10}$$

如果图 5.9 中的灰色单元格是事故影响的起始单元格，那么道路 n 上的单元格 $\langle j+1,m\rangle$ 和 $\langle j,m-1\rangle$ 必然没有受到事故的影响（$\delta_{j+1,m,n}=0$ 且 $\delta_{j,m-1,n}=0$）。这可以用如下约束条件表示：

$$1-\gamma_{j,m,n}\geqslant\delta_{j+1,m,n},\quad\forall 1\leqslant j\leqslant J_n, 1\leqslant m\leqslant M, 1\leqslant n\leqslant N \tag{5-11}$$

$$1-\gamma_{j,m,n}\geqslant\delta_{j,m-1,n},\quad\forall 1\leqslant j\leqslant J_n, 1\leqslant m\leqslant M, 1\leqslant n\leqslant N \tag{5-12}$$

时间	路段 (交通流方向 ←)	
	$j+1$	j
$m-1$		$\delta_{j,m-1,n}=?$
m	$\delta_{j+1,m,n}=?$	$\gamma_{j,m,n}=1$

图 5.9　如果道路 n 上的单元格 $\langle j,m\rangle$ 是事故影响的起始单元格（$\gamma_{j,m,n}=1$），则要求 $\delta_{j,m-1,n}=\delta_{j+1,m,n}=0$

我们还需要确保上述推导在假设与结论反过来时依然成立，即如果 $\delta_{j,m,n}=1$，$\delta_{j+1,m,n}=0$ 且 $\delta_{j,m-1,n}=0$，那么必然有 $\gamma_{j,m,n}=1$。这可以用如下约束条件表示：

$$\delta_{j,m-1,n}+\delta_{j+1,m,n}\geqslant\delta_{j,m,n}-\gamma_{j,m,n},$$
$$\forall 1\leqslant j\leqslant J_n,1\leqslant m\leqslant M,1\leqslant n\leqslant N \tag{5-13}$$

此外，如果道路 n 上有任何一个单元格受到事故的影响，那么必然会有一个单元格是事故影响的起始单元格。这可以用如下约束条件表示：

$$\sum_{1\leqslant j\leqslant J_n}\sum_{1\leqslant m\leqslant M}\delta_{j,m,n}\leqslant MJ_n\sum_{1\leqslant j\leqslant J_n}\sum_{1\leqslant m\leqslant M}\gamma_{j,m,n},$$
$$\forall 1\leqslant n\leqslant N \tag{5-14}$$

5.3.3.3 事故影响的终止单元格

如果事故造成的影响终止于道路 n 上的单元格 $\langle j,m\rangle$（$\zeta_{j,m,n}=1$），那么道路 n 上的该单元格必然受到事故的影响，即 $\delta_{j,m,n}$ 的值必然为 1。这可以用如下约束条件表示：

$$\zeta_{j,m,n}\leqslant\delta_{j,m,n},\quad\forall 1\leqslant j\leqslant J_n,1\leqslant m\leqslant M,1\leqslant n\leqslant N \tag{5-15}$$

如果图 5.10 中的灰色单元格是事故影响的终止单元格，那么道路 n 上的单元格 $\langle j-1,m\rangle$ 和 $\langle j,m+1\rangle$ 必然没有受到事故的影响（$\delta_{j-1,m,n}=0$ 且 $\delta_{j,m+1,n}=0$）。这可以用如下约束条件表示：

$$1-\zeta_{j,m,n}\geqslant\delta_{j-1,m,n},\quad\forall 1\leqslant j\leqslant J_n,1\leqslant m\leqslant M,1\leqslant n\leqslant N \tag{5-16}$$

$$1-\zeta_{j,m,n}\geqslant\delta_{j,m+1,n},\quad\forall 1\leqslant j\leqslant J_n,1\leqslant m\leqslant M,1\leqslant n\leqslant N \tag{5-17}$$

时间	路段 (交通流方向 ←)	
	j	$j-1$
m	$\zeta_{j,m,n}=1$	$\delta_{j-1,m,n}=?$
$m+1$	$\delta_{j,m+1,n}=?$	

图 5.10　当道路 n 上的单元格 $\langle j,m\rangle$ 是事故影响的终止单元格（$\zeta_{j,m,n}=1$）时，需要确保 $\delta_{j-1,m,n}=\delta_{j,m+1,n}=0$

我们还需要确保上述推导在假设与结论反过来时依然成立，即如果 $\delta_{j,m,n} = 1$，$\delta_{j-1,m,n} = 0$ 且 $\delta_{j,m+1,n} = 0$ 时，那么必然有 $\zeta_{j,m,n} = 1$。这可以用如下约束条件表示：

$$\delta_{j,m+1,n} + \delta_{j-1,m,n} \geqslant \delta_{j,m,n} - \zeta_{j,m,n},$$
$$\forall 1 \leqslant j \leqslant J_n, 1 \leqslant m \leqslant M, 1 \leqslant n \leqslant N \tag{5-18}$$

此外，如果道路 n 上有任何一个单元格受到事故的影响，那么必然会有一个单元格是事故影响的终止单元格。这可以用如下约束条件表示：

$$\sum_{1 \leqslant j \leqslant J_n} \sum_{1 \leqslant m \leqslant M} \delta_{j,m,n} \leqslant M J_n \sum_{1 \leqslant j \leqslant J_n} \sum_{1 \leqslant m \leqslant M} \zeta_{j,m,n}, \qquad \forall 1 \leqslant n \leqslant N \tag{5-19}$$

5.3.3.4　事故影响最大时空间范围的最小值要求

为了使事故的时空影响区域不会出现过小的情形，需要对事故影响的最大时间范围和最大空间范围设置最小值要求。例如，要求最大时间范围不短于 30 min，最大空间范围不小于 1 km。这可以用如下约束条件表示：

$$\sum_{n=1}^{N} \sum_{j=1}^{J_n} \left(\sum_{m=1}^{M} m\zeta_{j,m,n} - \sum_{m=1}^{M} m\gamma_{j,m,n} \right) \geqslant \Theta \tag{5-20}$$

$$\sum_{n=1}^{N} \sum_{m=1}^{M} \left(\sum_{j=1}^{J_n} j\gamma_{j,m,n} - \sum_{j=1}^{J_n} j\zeta_{j,m,n} \right) \geqslant \Phi \tag{5-21}$$

其中，Θ（时间间隔数）和 Φ（路段数）分别是最大时间范围和最大空间范围的最小值要求。

5.3.3.5　最大允许修正量

5.3.2 节中提到 m^* 是事故报告中记录的事发时间对应的时间间隔，j_n^* 是在道路 n 上事故报告中记录的事发位置垂直对应的路段。一般而言，实际的事发时间和位置会在报告的事发时间和位置附近，因此我们期望估算得到的事发时间和位置也分别在 m^* 和 j_n^* 附近。图 5.11 中的示例说明了这一点。最大允许修正量的限制可以用如下约束条件表示：

$$\sum_{n=1}^{N} \sum_{j=j_n^*-\Delta_n^-}^{j_n^*+\Delta_n^+} \sum_{m=m^*-\Lambda^-}^{m^*+\Lambda^+} \gamma_{j,m,n} = 1 \tag{5-22}$$

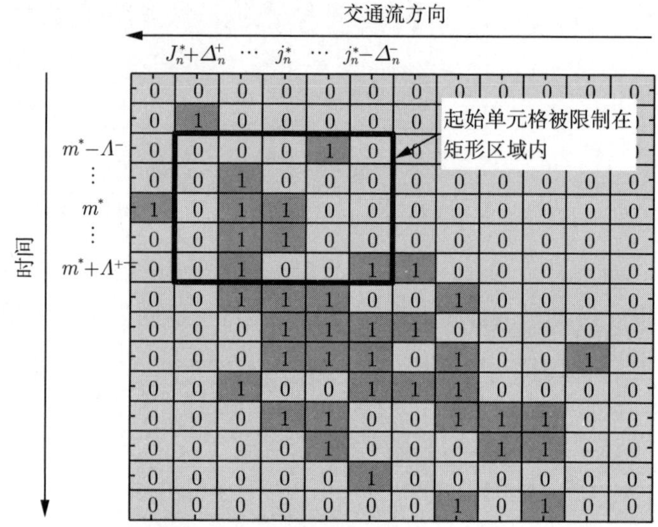

图 5.11　　事故的起始单元格被限制在包括 m^* 和 j_n^* 的矩形区域中

其中，Λ^- 和 Λ^+ 分别是在模型输出结果中允许 m^* 往之前和之后时刻移动的最大时间间隔数目；Δ_n^- 和 Δ_n^+ 分别是在模型输出结果中允许 j_n^* 向上游和下游移动的最大路段数目。

5.3.3.6　交通波的传播

第 3 章提到交通波的传播在时间和空间上具有方向性。如图 5.12 所示，交通波的有向传播要求如果道路 n 上的单元格 $\langle j+1, m \rangle$ 和 $\langle j, m-1 \rangle$ 都受到事故影响（$\delta_{j+1,m,n}=1$ 且 $\delta_{j,m-1,n}=1$），那么 $\delta_{j,m,n}$ 的值也必然为 1。这可以用如下约束条件表示：

$$\delta_{j+1,m,n} + \delta_{j,m-1,n} - 1 \leqslant \delta_{j,m,n}, \quad \forall 1 \leqslant j \leqslant J_n, 1 \leqslant m \leqslant M, 1 \leqslant n \leqslant N \tag{5-23}$$

时间	路段 (交通流方向 ←)	
	$j+1$	j
$m-1$		$\delta_{j,m-1,n}=1$
m	$\delta_{j+1,m,n}=1$	$\delta_{j,m,n}=?$

图 5.12　　当 $\delta_{j,m-1,n}=1$ 且 $\delta_{j+1,m,n}=1$ 时，$\delta_{j,m,n}$ 的值也必然为 1

另外，假设道路 n 上的单元格 $\langle j, m \rangle$ 受到事故的影响（$\delta_{j,m,n}=1$）。如图 5.13 所示，如果该单元格不是事故的起始单元格，即 $\gamma_{j,m,n}=0$，那

时间	路段 (交通流方向 ←)	
	$j+1$	j
$m-1$		$\delta_{j,m-1,n}=?$
m	$\delta_{j+1,m,n}=?$	$\gamma_{j,m,n}=0, \delta_{j,m,n}=1$

图 5.13　假设道路 n 上的单元格 $\langle j,m \rangle$ 受到事故的影响（$\delta_{j,m,n}=1$）
如果该单元格不是事故的起始单元格（$\gamma_{j,m,n}=0$），需要确保 $\delta_{j,m-1,n}$ 或 $\delta_{j+1,m,n}$ 的值为 1，或两者的值都为 1

么该单元格受到的影响必然是从这个单元格紧邻的下游路段或上一个时间间隔传播而来，即要求 $\delta_{j+1,m,n}=1$ 或 $\delta_{j,m-1,n}=1$，或两者同时满足。如果该单元格是事故的起始单元格（$\gamma_{j,m,n}=1$），则不再需要如上的要求。上述两种情形可以用如下约束条件表示：

$$\delta_{j+1,m,n}+\delta_{j,m-1,n} \geqslant \delta_{j,m,n}-\gamma_{j,m,n}, \quad \forall 1 \leqslant j \leqslant J_n, 1 \leqslant m \leqslant M, 1 \leqslant n \leqslant N \tag{5-24}$$

需要说明的是，由于约束条件(5-24)和约束条件(5-13)相同，我们只需保留其中一个即可。

5.3.3.7　二元决策变量

首先，利用如下约束条件来要求决策变量的取值为 0 或 1：

$$\delta_{j,m,n} \in \{0,1\}, \quad \forall j \in \{1,2,\cdots,J_n\}, m \in \{1,2,\cdots,M\} \tag{5-25}$$

$$\gamma_{j,m,n} \in \{0,1\}, \quad \forall j \in \{1,2,\cdots,J_n\}, m \in \{1,2,\cdots,M\} \tag{5-26}$$

$$\zeta_{j,m,n} \in \{0,1\}, \quad \forall j \in \{1,2,\cdots,J_n\}, m \in \{1,2,\cdots,M\} \tag{5-27}$$

其次，在约束条件(5-8)～约束条件(5-24)中，j 和 m 可能超出各自限定的范围，因此用如下约束条件来表示决策变量的边界条件：

$$\delta_{j,m,n}=0, \quad \forall j \notin \{1,2,\cdots,J_n\} 或 m \notin \{1,2,\cdots,M\} \tag{5-28}$$

$$\gamma_{j,m,n}=0, \quad \forall j \notin \{1,2,\cdots,J_n\} 或 m \notin \{1,2,\cdots,M\} \tag{5-29}$$

$$\zeta_{j,m,n}=0, \quad \forall j \notin \{1,2,\cdots,J_n\} 或 m \notin \{1,2,\cdots,M\} \tag{5-30}$$

5.3.4　目标函数

模型的目标是要最小化二元指示变量 $P_{j,m,n}$ 和二元决策变量 $\delta_{j,m,n}$ 的差异。这可以用如下目标函数实现：

$$\text{minimize} \quad \sum_{n=1}^{N}\sum_{j=1}^{J_n}\sum_{m=1}^{M}\left[P_{j,m,n}(1-\delta_{j,m,n})+(1-P_{j,m,n})\delta_{j,m,n}\right] \quad (5\text{-}31)$$

5.4　模 型 性 质

本节介绍模型的关键性质并对各个性质进行证明。具体而言，主要有以下 3 个性质：①模型只会在一条可能的事发道路上输出受事故影响的时空区域；②模型输出的受事故影响的时空区域的形状满足交通波的传播规律；③模型输出的受事故影响的时空区域起始于 $\gamma_{j,m,n}$ 取值为 1 对应的时空单元格，终止于 $\zeta_{j,m,n}$ 取值为 1 对应的时空单元格。

命题 5.1　模型只会在一条可能的事发道路上生成受事故影响的时空区域。

证明

约束条件(5-8)会确保只有一个 $\gamma_{j,m,n}$ 的取值为 1。假设 $\gamma_{j',m',n'}=1$。由约束条件(5-14)可知，当 $n \neq n'$ 时，对于所有的 $1 \leqslant j \leqslant J_n$，$1 \leqslant m \leqslant M$，$\delta_{j,m,n}$ 的取值均为 0。这意味着模型只会在道路 n' 上输出受事故影响的时空区域，而在 $n \neq n'$ 对应的道路上则不会。证毕。　　　　□

命题 5.2　假设模型在道路 n' 上输出受事故影响的时空区域且存在 $1 \leqslant j' \leqslant J_n$，$1 \leqslant m' \leqslant M$ 使 $\gamma_{j',m',n'}=1$，那么道路 n' 上事故造成的时空影响起始于单元格 $\langle j',m' \rangle$，而且时空影响区域的形状满足交通波的传播规律。

证明

我们首先证明道路 n' 上事故造成的时空影响起始于单元格 $\langle j',m' \rangle$。因为 $\gamma_{j',m',n'}=1$，根据约束条件(5-8)可知道路 n' 上的其他单元格对应的变量 $\gamma_{j,m,n'}$ 的取值均为 0。为了证明单元格 $\langle j',m' \rangle$ 是事故影响的起始单元格，只需要证明路段 j' 是受到事故影响的最下游路段且时间间隔 m' 是最早受到事故影响的时刻。这等同于在图 5.14 中，浅灰色区域外的单元格都没有受到事故影响，即这些单元格对应的 $\delta_{j,m,n'}$ 的取值全为 0。我们采用反证法进行证明。假设浅灰色区域外存在一些单元格对应的 $\delta_{j,m,n'}$ 取值为 1。按照从上到下的顺序逐行扫描整个时空区域，对于同一行中的单元格按照从左到右的顺序扫描，直至首次发现 $\delta_{j,m,n'}$ 取值为 1 的单元格。将此单元格标记为 $\langle j_0', m_0' \rangle$，则有 $\delta_{j_0',m_0',n'} = 1$。这意味着 $\delta_{j_0',m_0'-1,n'} = 0$ 且 $\delta_{j_0'+1,m_0',n'} = 0$。然而，根据约束条件(5-24)可知 $\gamma_{j_0',m_0',n'} = 1$，这与除 $\gamma_{j',m',n'}$ 外，其余 $\gamma_{j,m,n'}$ 的取值均为 0 的假设矛盾。因此，受事故影响的单元格只会在图 5.14 中的浅灰色区域内且事故造成的影响起始于单元格 $\langle j', m' \rangle$。

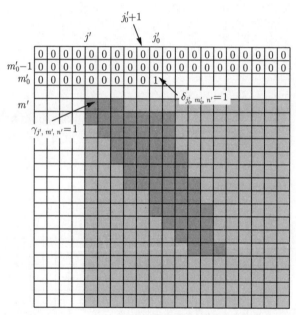

图 5.14　假设 $\gamma_{j',m',n'} = 1$，则受事故影响的单元格只会在浅灰色区域内

接下来，我们证明受事故影响的时空区域的形状满足交通波的传播规律。由 $\delta_{j',m',n'} \geqslant \gamma_{j',m',n'} = 1$ 可知，单元格 $\langle j', m' \rangle$ 受到事故的影响。本章中的模型相较于第 3 章中的模型只是多了约束条件(5-9)和约束条件 (5-15) ~ 约束条件 (5-21)，而且在第 3 章中，我们已经证明了模型输出的受事故影响的时空区域的形状满足交通波的传播规律，那么该结论对本章中的模型依然成立。证毕。　　　　　　　　　　□

命题 5.3 假设模型在道路 n' 上输出受事故影响的时空区域且存在 $1 \leqslant j'' \leqslant J_n$，$1 \leqslant m'' \leqslant M$ 使 $\zeta_{j'',m'',n'} = 1$，那么道路 n' 上事故造成的时空影响终止于单元格 $\langle j'', m'' \rangle$。

证明

因为 $\zeta_{j'',m'',n'} = 1$，根据约束条件(5-9)可知道路 n' 上的其他单元格对应的变量 $\zeta_{j,m,n'}$ 取值均为 0。为了证明单元格 $\langle j'', m'' \rangle$ 是事故影响的终止单元格，只需要证明路段 j'' 是受事故影响的最上游路段且时间间隔 m'' 是最晚受到事故影响的时刻。这等同于在图 5.15 中，浅灰色区域外的单元格都没有受到事故影响，即这些单元格对应的 $\delta_{j,m,n'}$ 的取值全为 0。我们采用反证法进行证明。假设浅灰色区域外存在一些单元格对应的 $\delta_{j,m,n'}$ 取值为 1。按照从下往上的顺序逐行扫描整个时空区域，对于同一行中的单元格按照从右到左的顺序扫描，直至首次发现 $\delta_{j,m,n'}$ 取值为 1 的单元格。将此单元格标记为 $\langle j_0'', m_0'' \rangle$，则有 $\delta_{j_0'',m_0'',n'} = 1$。这意味着 $\delta_{j_0'',m_0''+1,n'} = \delta_{j_0''-1,m_0'',n'} = 0$。然而，根据约束条件(5-18)可知 $\zeta_{j_0'',m_0'',n'} = 1$，这与除 $\zeta_{j'',m'',n'}$ 外，其余 $\zeta_{j,m,n'}$ 的取值均为 0 的假设矛

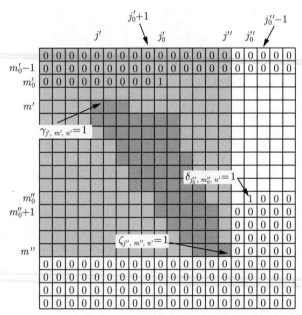

图 5.15 假设 $\gamma_{j'',m'',n'} = 1$，则受事故影响的单元格只会在浅灰色区域内

盾。因此，受事故影响的单元格只会在图 5.15 中的浅灰色区域内且事故造成的影响终止于单元格 $\langle j'', m'' \rangle$。证毕。　　　　　　　　　　　　□

5.5　数　值　实　验

本节利用实际数据进行数值实验以验证本书的模型。其中，5.5.1 节介绍用到的数据，5.5.2 节介绍模型相关参数的设置，5.5.3 节总结并讨论实验结果。数值实验中的代码使用 MATLAB R2015b 编写，整数规划模型使用 IBM ILOG CPLEX 12.5 进行求解。所有的计算都是在配置为 Intel 4.00 GHz CPU 和 16 GB 内存的台式计算机上完成的。

5.5.1　数据介绍

我们获取了 2016 年 4 月发生在北京市三环环城快速路上 65 起交通事故的事故报告。表 5.1 展示了第 1~13 起事故的具体信息，其余 52 起事故的具体信息记录在附录 A 中。第 1 列是事故的编号。第 2~4 列是事故报告中记录的信息，其中第 2 列是事发时间，第 3 列是事发位置，第 4 列是事故详情，事故详情主要包括肇事车辆种类、事故类型及人员伤亡情况的信息。以事故 1 为例，从事故报告中记录的信息可知，这起事故发生在 2016 年 4 月 1 日 10:33（第 2 列），事发地点在北三环主路环球贸易中心附近（第 3 列），根据第 4 列的事故详情可知：这起事故是一起小轿车与公共汽车的追尾事故，无人员伤亡，小轿车已经挪车，乘客部分下车。

表 5.1　事故报告中记录的事故信息（部分数据）

编号	事发时间	事发位置	事故详情
1	2016-04-01 10:33	北三环主路环球贸易中心	小轿车与公共汽车追尾，报警人称无人伤，小轿车已经挪车，乘客部分下车
2	2016-04-02 09:26	北三环主路安华桥	小轿车 A 与小轿车 B、小轿车 C 追尾，报警人称无人伤，占用最内一条车道
3	2016-04-02 11:02	北三环主路京承高速出口	两辆小轿车剐撞，报警人称无人伤
4	2016-04-03 10:40	北三环主路中国中医药出版社	小轿车与商务车追尾，报警人称无人伤

续表

编号	事发时间	事发位置	事故详情
5	2016-04-07 10:32	北三环中路木偶剧院	出租车与小轿车剐撞,报警人称无人伤
6	2016-04-08 16:41	北三环主路安华桥地铁站	小轿车 A 与小轿车 B 追尾,无人伤,称已挪车
7	2016-04-11 11:02	北三环西路双安商场对面	小轿车 A 与小轿车 B 剐撞,报警人称无人伤
8	2016-04-11 16:38	北三环中路北京银行南侧	小轿车 A 与小轿车 B 剐撞,报警人称无人伤
9	2016-04-11 18:30	北三环和平东桥中医药大学前	小轿车与电动车剐撞,报警人称 1 人伤,不需急救
10	2016-04-12 09:16	北三环主路中国电影出版社	小轿车 A 与小轿车 B 剐撞,报警人称无人伤,已告知标划现场挪车
11	2016-04-15 07:13	北三环西路蓟门桥	小轿车 A 与小轿车 B 剐撞,报警人称无人伤,占用两条车道,已挪车
12	2016-04-18 19:24	北三环东路蓝星大厦	小轿车 A 与小轿车 B 剐撞,无人伤
13	2016-04-20 11:24	海淀北三环中路 44 号院天桥	小轿车 A 与小轿车 B 剐撞,报警人称无人伤

事故报告中记录的信息存在以下问题:①所有关于事故位置的文字描述都没有提到车辆的行驶方向,这使我们无法知道事故是发生在内环方向的道路上还是外环方向的道路上;②事发位置的描述不够精确,如根据表 5.1 记录事故 3 发生在北三环主路京承高速出口,但是仅根据此信息无法确定事故现场与出口之间的具体距离;③事故报告中记录的事发时间实际上是交管部门工作人员接到电话报案的时间,会晚于实际的事发时间。

5.5.2　参数设置

对于每一起事故,我们首先使用地图软件提供的地址解析功能,根据事发位置的文字描述获取经纬度坐标。然后,以该经纬度坐标为圆心绘制一个半径为 100 m 的圆,把与该圆相交的道路选为可能的事发道路。对于每条道路,我们按照如下方式来绘制与其对应的时空速度图:①将时间切分为时长 5 min 的时间间隔,将道路切分为长度 100 m 的路段。这意味着时空速度图的分辨率为 100 m × 5 min;②选取 2.5 h 的分析时长,该时长开始于报告的事发时间之前的 0.5 h,结束于报告的事发时间之后的 2 h。这样可以确保观察到从事故发生到事故影响结束的整个时间范围的事故影响;③分别计算出有事故发生情况下速度($\hat{s}_{j,m,n}$)和无事故发生情况下的速度均值($\bar{s}_{j,m,n}$)及标准差($\sigma_{j,m,n}$)。

事故影响的最大时间范围设置为不少于 6 个时间间隔,即 $\Theta = 6$,总时长为 $6 \times 5 = 30$ min。事故影响的最大空间范围设置为不少于 10 个路段,即 $\Phi = 10$,总长度为 $10 \times 0.1 = 1$ km。对于事故报告中记录的事发时间对应的时间间隔 m^*,允许的最大修正量设置为 30 min,即 $\Lambda^- = \Lambda^+ = 30/5 = 6$ 个时间间隔。对于事故报告中记录的事发位置对应的路段 j_n^*,允许的最大修正量设置为 0.5 km,即 $\Delta_n^- = \Delta_n^+ = 0.5/0.1 = 5$ 个路段。

5.5.3　实验结果

表 5.2 对第 1～13 起事故的数值实验结果进行了总结,全表共分为 18 列。第 1 列是事故的编号。第 2～4 列分别是实际的事发时间、车辆行驶方向及事发位置,其中,事发位置对应的数值是指沿着顺时针方向从事发位置到图 5.16 中点 H 的距离。实际的事发时间和位置是根据三环城市快速路上的监控视频确定的,整个快速路上的交通状况会被全天 24 h 不间断地监控。以事故 1 为例,该事故于 2016 年 4 月 1 日 10:24(第 2 列)发生在从东向西方向的道路上(第 3 列),事发位置距点 H 的距离为 7.428 km(第 4 列)。第 5～7 列分别是事故报告中记录的事发时间、车辆行驶方向及事发位置。需要说明的是,事故报告中并没有记录事发道路上的车辆行驶方向,第 6 列中的行驶方向是根据 5.3.1 节中提到的垂直映射的方法确定的,即把与报告的事发位置垂直距离最短的道路方向作为第 6 列的结果。第 8～10 列分别是根据本书的模型估算得到的事发时间、车辆行驶方向及事发位置。第 11～13 列分别是事故报告中记录的和实际的事发时间、车辆行驶方向及事发位置之间的差异,其中,第 11 列中的时间偏差是第 2 列和第 5 列之间差值的绝对值,第 12 列表示事故报告中记录的车辆行驶方向和实际的车辆行驶方向是否一致,第 13 列中

的位置偏差是第 4 列和第 7 列之间差值的绝对值。第 14~16 列分别是根据本书模型估算得到的和实际的事发时间、车辆行驶方向及事发位置之间的差异,其中,第 14 列中的时间偏差是第 2 列和第 8 列之间差值的绝对值,第 15 列表示根据本书的模型估算得到的车辆行驶方向和实际的车辆行驶方向是否一致,第 16 列的位置偏差是第 4 列和第 10 列之间差值的绝对值。第 17 列和第 18 列分别是本书模型实现的事发时间和位置偏差的降幅,计算方式如下:

$$第 17 列 = \frac{|\ 第\ 11\ 列\ -\ 第\ 14\ 列\ |}{第\ 11\ 列} \times 100\%;$$

$$第 18 列 = \frac{|\ 第\ 13\ 列\ -\ 第\ 16\ 列\ |}{第\ 13\ 列} \times 100\%$$

以事故 1 为例,本书模型实现的事发时间偏差的降幅为 $\frac{|9-1|}{9} \times 100\% = 88.89\%$,事发位置偏差的降幅为 $\frac{|0.262-0.022|}{0.262} \times 100\% = 91.60\%$。

表 A.2 计算了模型对 65 起交通事故的事发时间和位置偏差进行修正的平均结果,从该表的最后一行可以发现:①本书模型将平均时间偏差从 7.3 min 降到 1.6 min,降幅达 78.08 %;②本书模型将平均位置偏差从 0.156 km 降到 0.024 km,降幅达 84.62 %;③通过对比第 12 列和第 15 列中 "$\sqrt{}$" 的数量可知,根据垂直映射的方法判断出的事发道路上车辆行驶方向的准确率仅为 $\frac{32}{65} \times 100\% = 49.23\%$,而利用本书模型可以将准确率提高到 $\frac{65}{65} \times 100\% = 100\%$。

表 5.2　根据本书模型得到的结果与事故报告中所记录的信息之间的对比

编号	真实值			事故报告			本书模型			偏差						偏差降幅/%	
										事故报告 vs. 真实值			本书模型 vs. 真实值				
	事发时间	事发位置		事发时间	事发位置		事发时间	事发位置		事发时间/min	事发位置		事发时间/min	事发位置		时间	距离
		行驶方向	距离/km		行驶方向	距离/km		行驶方向	距离/km		行驶方向	距离/km		行驶方向	距离/km		
1	2016-04-01 10:24	WB	7.428	2016-04-01 10:33	EB	7.166	2016-04-01 10:25	WB	7.450	9.0	×	0.262	1.0	√	0.022	88.89	91.60
2	2016-04-02 09:21	WB	3.605	2016-04-02 09:26	WB	3.761	2016-04-02 09:20	WB	3.550	5.0	√	0.156	1.0	√	0.055	80.00	64.74
3	2016-04-02 10:56	EB	0.856	2016-04-02 11:02	WB	0.729	2016-04-02 10:55	EB	0.850	6.0	×	0.127	1.0	√	0.006	83.33	95.28
4	2016-04-03 10:33	WB	1.967	2016-04-03 10:40	EB	2.018	2016-04-03 10:30	WB	1.950	7.0	×	0.051	3.0	√	0.017	57.14	66.67
5	2016-04-07 10:26	EB	2.837	2016-04-07 10:32	EB	2.718	2016-04-07 10:25	EB	2.850	6.0	√	0.119	1.0	√	0.013	83.33	89.08
6	2016-04-08 16:27	WB	3.526	2016-04-08 16:41	WB	3.390	2016-04-08 16:25	WB	3.550	14.0	√	0.136	2.0	√	0.024	85.71	82.35
7	2016-04-11 10:57	WB	9.653	2016-04-11 11:02	EB	9.796	2016-04-11 10:55	WB	9.650	5.0	×	0.143	2.0	√	0.003	60.00	97.90

编号	真实值			事故报告			本书模型			偏差						偏幅/%	
		事发位置			事发位置			事发位置		事故报告 vs. 真实值			本书模型 vs. 真实值				
	事发时间	行驶方向	距离/km	事发时间	行驶方向	距离/km	事发时间	行驶方向	距离/km	事发时间/min	事发位置		事发时间/min	事发位置		时间降幅	距离
											行驶方向	距离/km		行驶方向	距离/km		
1	2	3	4	5	6	7	8	9	10	11	12	13	14	15	16	17	18
8	2016-04-11 16:31	EB	4.124	2016-04-11 16:38	EB	4.171	2016-04-11 16:30	EB	4.150	7.0	√	0.047	1.0	√	0.026	85.71	44.68
9	2016-04-11 18:13	WB	0.906	2016-04-11 18:30	WB	1.069	2016-04-11 18:10	WB	0.950	17.0	√	0.163	3.0	√	0.044	82.35	73.01
10	2016-04-12 09:08	EB	1.219	2016-04-12 09:16	EB	1.066	2016-04-12 09:10	EB	1.250	8.0	√	0.153	2.0	√	0.031	75.00	79.74
11	2016-04-15 07:02	WB	2.142	2016-04-15 07:13	WB	2.360	2016-04-15 07:00	WB	2.150	11.0	√	0.218	2.0	√	0.008	81.82	96.33
12	2016-04-18 19:18	EB	1.345	2016-04-18 19:24	WB	1.517	2016-04-18 19:20	EB	1.350	6.0	×	0.172	2.0	√	0.005	66.67	97.09
13	2016-04-20 11:14	WB	7.058	2016-04-20 11:24	EB	7.242	2016/04/20 11:15	WB	7.050	10.0	×	0.184	1.0	√	0.008	90.00	95.65

5.6　拓 展 讨 论

本节对模型进行拓展讨论。其中，5.6.1 节介绍当事故造成相反道路方向上的拥堵时模型的应用，5.6.2 节介绍当时空区域中存在多起事故时模型的拓展。

5.6.1　事故造成相反道路方向上的拥堵

图 5.1 所示的北三环城市快速路是中间带有分隔带的双向道路。当事故 1 发生在道路 AB 上时，它只会减慢道路 AB 上车辆的行驶速度，而相反道路方向 CD 上车辆的行驶速度没有受到影响。这可以从图 5.2 和图 5.3 中的时空速度图中看出。因此，本书利用车流速度的时空演变估算出受事故影响的时空区域，并确定事发时间和位置。

然而，当事故发生在中间没有隔离带的双向道路上时，事故不仅会降低事故位置所在道路上车辆的行驶速度，还会造成相反道路方向上的拥堵。这主要是由于相反道路方向上的车辆驾驶者会出于好奇而放慢车速进行观望，进而造成相反道路方向上的拥堵 (Chung et al., 2013; Shah et al., 2015; Teng et al., 2004)。但是，相反道路方向上的拥堵不及事故位置所在道路上的拥堵严重。针对这种情形，本书模型会选择事故影响更严重的道路作为事发道路，并利用该道路上车流速度的时空演变确定事发时间和位置。其中，事故影响的严重程度可以用受事故影响的时空区域的大小来表示。以图 5.16 所示的情形为例，道路 AB 上发生一起事故，由于道路 AB 和道路 CD 间没有隔离带，道路 CD 上的车辆驾驶者会放慢车速进行观望，因此两条道路上的车辆都会受到影响。图 5.17（a）和图 5.17（b）分别是根据式(5-1)而得的道路 AB 和道路 CD 上 $P_{j,m,n}$ 的取值。将它们作为模型的输入，以 $P_{j,m,n}$ 和 $\delta_{j,m,n}$ 之间的差异最小化为目标，可以得到对应的 $\delta_{j,m,n}$ 的取值，分别如图 5.18（a）和图 5.18（b）所示。

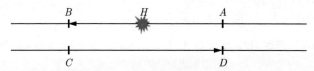

图 5.16　事故发生道路 AB 上，但道路 CD 上的车辆也受到影响，
导致两条道路上都产生了拥堵

相比于图 5.17（b），图 5.17（a）中有更多的 $P_{j,m,n}$ 的取值为 1，由此可知道路 AB 受事故影响的严重程度高于道路 CD。据此，本书模型会在道路 AB 上产生一个受事故影响的时空区域，即部分 $\delta_{j,m,n}$ 取值为 1（见图 5.18（a）），而判定道路 CD 没有受到该事故的影响，即所有 $\delta_{j,m,n}$ 取值均为 0（见图 5.18（b））。接下来，利用道路 AB 上受事故影响的起始单元格就可以确定事发时间和位置。虽然两条道路上车辆的行驶速度都会受到事故的影响，但因为事故位置所在道路方向上受到的影响更大，本书模型依然能够准确地确定事发道路。需要说明的是，如果想要同时估算出两条道路上受事故影响的时空区域，可以将约束条件(5-8) 和约束条件 (5-9) 右端的值都从 1 增加到 2，以获得两个独立的时空影响区域。

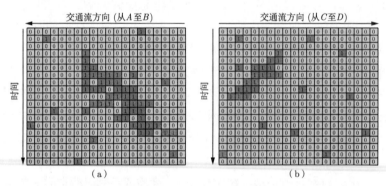

图 5.17　道路 AB 和 CD 上 $P_{j,m,n}$ 的取值（用作模型的输入）

（a）道路 AB 上 $P_{j,m,n}$ 的取值；（b）道路 CD 上 $P_{j,m,n}$ 的取值

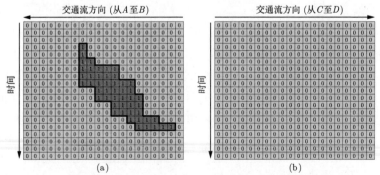

图 5.18　道路 AB 和 CD 上 $\delta_{j,m,n}$ 的取值（根据模型求解结果而得的受事故影响的时空区域）

（a）道路 AB 上 $\delta_{j,m,n}$ 的取值；（b）道路 CD 上 $\delta_{j,m,n}$ 的取值

5.6.2　时空区域中存在多起事故

　　5.3 节中的模型主要用于处理时空区域中只有一起事故的情形。本节对模型进行拓展以处理时空区域中存在多起事故的情形。以图 5.19 所示的情形为例，在图 5.19（a）中，第一起事故于 10:33 发生在道路 AB 上，第二起事故于 11:04 发生在道路 CD 上。我们的目标是建立一个新的模型以同时得到如图 5.19（b）和 5.19（c）所示的受这两起事故影响的时空区域，进而修正事故报告中这两起事故发生时间和位置的偏差。

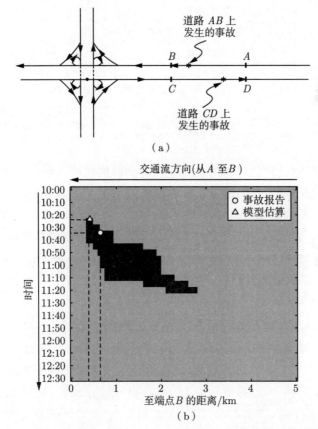

图 5.19　道路 AB 和 CD 上各发生一起交通事故的情形

（a）一起事故于 10:33 发生在道路 AB 上，另一起事故于 11:04 发生在道路 CD 上；（b）道路 AB 上受事故影响的时空区域，圆形和三角形分别对应事故报告中的和利用模型估算的事发时间和位置；（c）道路 CD 上受事故影响的时空区域，圆形和三角形分别对应事故报告中的和利用模型估算的事发时间和位置

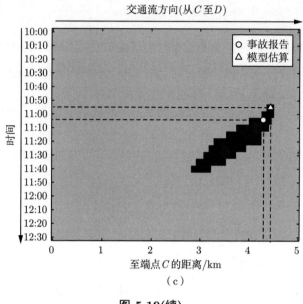

图 5.19(续)

同样地，我们把分析时长切分为 M 个时间间隔。假设在此时间范围内共有 K 起事故，我们把上标 k 添加到先前定义的符号中。对于事故 k，假设其可能发生道路共有 N^k 条，其中的一条道路 n 被切分为 J_n^k 个路段。令 m^{k^*} 为事故 k 的报告中记录的事发时间对应的时间间隔，$j_n^{k^*}$ 为根据事故 k 的报告中记录的事发位置，采用垂直映射的方法确定的道路 n 上距离该事故最近的路段，其中 $1 \leqslant n \leqslant N^k$。令 $P_{j,m,n}^k$ 为根据式 (5-1) 而得的关于事故 k 的二元指示变量。

对于事故 k，本书定义了新的决策变量 $\delta_{j,m,n}^k$，$\gamma_{j,m,n}^k$ 和 $\zeta_{j,m,n}^k$。如果道路 n 上的单元格 $\langle j,m \rangle$ 受到事故 k 的影响，则 $\delta_{j,m,n}^k$ 的值为 1；反之，则为 0，其中 $1 \leqslant j \leqslant J_n^k, 1 \leqslant m \leqslant M, 1 \leqslant n \leqslant N^k$。如果事故 k 造成的影响起始于道路 n 上的单元格 $\langle j,m \rangle$，则 $\gamma_{j,m,n}^k$ 的值为 1；反之，则为 0，其中 $1 \leqslant j \leqslant J_n^k, 1 \leqslant m \leqslant M, 1 \leqslant n \leqslant N^k$。如果事故 k 造成的影响终止于道路 n 上的单元格 $\langle j,m \rangle$，则 $\zeta_{j,m,n}^k$ 的值为 1；反之，则为 0，其中 $1 \leqslant j \leqslant J_n^k, 1 \leqslant m \leqslant M, 1 \leqslant n \leqslant N^k$。

对于时空区域中存在多起事故的情形，上述决策变量的值可以通过求解如下模型得到：

$$\text{minimize} \quad \sum_{k=1}^{K}\sum_{n=1}^{N^k}\sum_{j=1}^{J_n^k}\sum_{m=1}^{M}\left[P_{j,m,n}^k(1-\delta_{j,m,n}^k)+(1-P_{j,m,n}^k)\delta_{j,m,n}^k\right] \tag{5-32}$$

s.t.

$$\sum_{n=1}^{N^k}\sum_{j=1}^{J_n^k}\sum_{m=1}^{M}\gamma_{j,m,n}^k=1, \qquad \forall 1\leqslant k\leqslant K \tag{5-33}$$

$$\sum_{n=1}^{N^k}\sum_{j=1}^{J_n^k}\sum_{m=1}^{M}\zeta_{j,m,n}^k=1, \qquad \forall 1\leqslant k\leqslant K \tag{5-34}$$

$$\gamma_{j,m,n}^k\leqslant\delta_{j,m,n}^k, \quad \forall 1\leqslant j\leqslant J_n^k, 1\leqslant m\leqslant M, 1\leqslant n\leqslant N^k, 1\leqslant k\leqslant K \tag{5-35}$$

$$1-\gamma_{j,m,n}^k\geqslant\delta_{j+1,m,n}^k, \quad \forall 1\leqslant j\leqslant J_n^k, 1\leqslant m\leqslant M, 1\leqslant n\leqslant N^k, 1\leqslant k\leqslant K \tag{5-36}$$

$$1-\gamma_{j,m,n}^k\geqslant\delta_{j,m-1,n}^k, \quad \forall 1\leqslant j\leqslant J_n^k, 1\leqslant m\leqslant M, 1\leqslant n\leqslant N^k, 1\leqslant k\leqslant K \tag{5-37}$$

$$\delta_{j,m-1,n}^k+\delta_{j+1,m,n}^k\geqslant\delta_{j,m,n}^k-\gamma_{j,m,n}^k,$$
$$\forall 1\leqslant j\leqslant J_n^k, 1\leqslant m\leqslant M, 1\leqslant n\leqslant N^k, 1\leqslant k\leqslant K \tag{5-38}$$

$$\sum_{1\leqslant j\leqslant J_n^k}\sum_{1\leqslant m\leqslant M}\delta_{j,m,n}^k\leqslant MJ_n^k\sum_{1\leqslant j\leqslant J_n^k}\sum_{1\leqslant m\leqslant M}\gamma_{j,m,n}^k,$$
$$\forall 1\leqslant n\leqslant N^k, 1\leqslant k\leqslant K \tag{5-39}$$

$$\zeta_{j,m,n}^k\leqslant\delta_{j,m,n}^k, \quad \forall 1\leqslant j\leqslant J_n^k, 1\leqslant m\leqslant M, 1\leqslant n\leqslant N^k, 1\leqslant k\leqslant K \tag{5-40}$$

$$1-\zeta_{j,m,n}^k\geqslant\delta_{j-1,m,n}^k, \quad \forall 1\leqslant j\leqslant J_n^k, 1\leqslant m\leqslant M, 1\leqslant n\leqslant N^k, 1\leqslant k\leqslant K \tag{5-41}$$

$$1-\zeta_{j,m,n}^k\geqslant\delta_{j,m+1,n}^k, \quad \forall 1\leqslant j\leqslant J_n^k, 1\leqslant m\leqslant M, 1\leqslant n\leqslant N^k, 1\leqslant k\leqslant K \tag{5-42}$$

$$\delta_{j,m+1,n}^k+\delta_{j-1,m,n}^k\geqslant\delta_{j,m,n}^k-\zeta_{j,m,n}^k,$$
$$\forall 1\leqslant j\leqslant J_n^k, 1\leqslant m\leqslant M, 1\leqslant n\leqslant N^k, 1\leqslant k\leqslant K \tag{5-43}$$

$$\sum_{1 \leqslant j \leqslant J_n^k} \sum_{1 \leqslant m \leqslant M} \delta_{j,m,n}^k \leqslant M J_n^k \sum_{1 \leqslant j \leqslant J_n^k} \sum_{1 \leqslant m \leqslant M} \zeta_{j,m,n}^k,$$

$$\forall 1 \leqslant n \leqslant N^k, 1 \leqslant k \leqslant K \qquad (5\text{-}44)$$

$$\sum_{n=1}^{N^k} \sum_{j=1}^{J_n^k} \left(\sum_{m=1}^{M} m \zeta_{j,m,n}^k - \sum_{m=1}^{M} m \gamma_{j,m,n}^k \right) \geqslant \Theta, \qquad \forall 1 \leqslant k \leqslant K \qquad (5\text{-}45)$$

$$\sum_{n=1}^{N^k} \sum_{m=1}^{M} \left(\sum_{j=1}^{J_n^k} j \gamma_{j,m,n}^k - \sum_{j=1}^{J_n^k} j \zeta_{j,m,n}^k \right) \geqslant \Phi, \qquad \forall 1 \leqslant k \leqslant K \qquad (5\text{-}46)$$

$$\sum_{n=1}^{N^k} \sum_{j=j_n^{k*}-\Delta_n^-}^{j_n^{k*}+\Delta_n^+} \sum_{m=m^{k*}-\Lambda^-}^{m^{k*}+\Lambda^+} \gamma_{j,m,n}^k = 1, \qquad \forall 1 \leqslant k \leqslant K \qquad (5\text{-}47)$$

$$\delta_{j+1,m,n}^k + \delta_{j,m-1,n}^k - 1 \leqslant \delta_{j,m,n}^k,$$

$$\forall 1 \leqslant j \leqslant J_n^k, 1 \leqslant m \leqslant M, 1 \leqslant n \leqslant N^k, 1 \leqslant k \leqslant K \qquad (5\text{-}48)$$

$$\delta_{j+1,m,n}^k + \delta_{j,m-1,n}^k \geqslant \delta_{j,m,n}^k - \gamma_{j,m,n}^k,$$

$$\forall 1 \leqslant j \leqslant J_n^k, 1 \leqslant m \leqslant M, 1 \leqslant n \leqslant N^k, 1 \leqslant k \leqslant K \qquad (5\text{-}49)$$

$$\delta_{j,m,n}^k \in \{0,1\}, \quad \forall j \in \{1,2,\cdots,J_n^k\}, m \in \{1,2,\cdots,M\}, k \in \{1,2,\cdots,K\} \qquad (5\text{-}50)$$

$$\gamma_{j,m,n}^k \in \{0,1\}, \quad \forall j \in \{1,2,\cdots,J_n^k\}, m \in \{1,2,\cdots,M\}, k \in \{1,2,\cdots,K\} \qquad (5\text{-}51)$$

$$\zeta_{j,m,n}^k \in \{0,1\}, \quad \forall j \in \{1,2,\cdots,J_n^k\}, m \in \{1,2,\cdots,M\}, k \in \{1,2,\cdots,K\} \qquad (5\text{-}52)$$

$$\delta_{j,m,n}^k = 0, \quad \forall j \notin \{1,2,\cdots,J_n^k\} \text{ 或} m \notin \{1,2,\cdots,M\}, k \in \{1,2,\cdots,K\} \qquad (5\text{-}53)$$

$$\gamma_{j,m,n}^k = 0, \quad \forall j \notin \{1,2,\cdots,J_n^k\} \text{ 或} m \notin \{1,2,\cdots,M\}, k \in \{1,2,\cdots,K\} \qquad (5\text{-}54)$$

$$\zeta_{j,m,n}^k = 0, \quad \forall j \notin \{1,2,\cdots,J_n^k\} \text{ 或} m \notin \{1,2,\cdots,M\}, k \in \{1,2,\cdots,K\} \qquad (5\text{-}55)$$

目标函数是最小化与所有的事故相关的二元指示变量 $P_{j,m,n}^k$ 和二元决策变量 $\delta_{j,m,n}^k$ 之间的差异。约束条件(5-33)和约束条件(5-34)用于选择可能的事发道路。约束条件(5-35)~约束条件(5-39)用于确定每起事故造成影响的起始单元格。约束条件(5-40)~约束条件(5-44)用于确定每起事故造成影响的终止单元格。约束条件(5-45)和约束条件(5-46)分别用于限制每起事故造成的时空影响对应的最大时间范围和最大空间范围的大小。约束条件(5-47)用于限制最大允许修正量。约束条件(5-48)和约束条件(5-49)用于限制交通波的有向传播。需要注意的是，因为约束条件(5-43)和约束条件(5-49)相同，只需保留其中一个即可。最后，约束条件(5-50) ~ 约束条件(5-55)用于限制决策变量为 0-1 变量及决策变量取值的边界条件。

5.7　本章小结

本章提出了一种能够同时修正事故报告中事发时间和位置偏差的方法。对于给定的事故，我们首先在事故报告中记录的事发位置周围选出可能的事发道路。其次，结合各个可能的事发道路上车流速度的时空演变，选择最有可能发生事故的道路。我们通过建立整数规划模型来完成这样的选择过程，并且模型能够输出事故的时空影响区域。最后，根据时空影响区域中速度最先开始降低的单元格来确定事发时间和位置，以修正事故报告中事发时间和位置的偏差。我们还严格地证明了即使在事故发生的时间和位置均未知及存在多条可能事发道路的情况下，模型输出的时空影响区域依然满足交通波的传播规律，从而放松了已有研究中关于事发时间和位置均已知的假设。使用实际数据进行的数值实验结果显示，模型把平均时间偏差从 7.3 min 降到 1.6 min，降幅达 78.08%，并把平均位置偏差从 0.156 km 降到 0.024 km，降幅达 84.62%。另外，我们还针对事故造成相反道路方向上的拥堵及在时空区域中存在多起事故的情形进行了拓展讨论。

第 6 章　估算信号灯路口车辆排队形成的时空拥堵区域

6.1　本章引言

信号灯路口的车辆排队会阻碍车辆的正常行驶，并造成局部的交通拥堵。在已有的文献中，很多研究致力于估算信号灯路口车辆排队的队列长度 (Comert, 2016; Hao et al., 2015, 2014; Liu et al., 2009b)。队列长度的估算有助于优化信号灯的配时，以减缓因车辆排队造成的交通拥堵并提高整个道路系统的运行效率 (Ban et al., 2011; Comert et al., 2009; Tiaprasert et al., 2015)。近年来，估算信号灯路口车辆排队形成的时空拥堵区域受到很多学者的关注。这对于开展进一步的分析研究具有重要的意义。例如，时空拥堵区域不仅可以用于刻画车辆排队过程中队列的时空演变过程 (Cheng et al., 2012; Ramezani et al., 2015)，还可以用于量化由车辆排队造成的延误 (Wang et al., 2018; Wu et al., 2011)。另外，时空拥堵区域还有助于完成车辆轨迹重构 (Sun et al., 2013; Xie et al., 2018)、车辆行驶时间分解 (Hellinga et al., 2008)，以及燃料消耗和尾气排放的估算 (Skabardonis et al., 2013; Sun et al., 2015)。

本章建立了优化模型来估算信号灯路口车辆排队形成的时空拥堵区域。模型的输入包括浮动车的位置和速度数据，以及信号灯周期中红灯亮起的时刻。根据这些输入数据，模型可以输出车辆排队形成的时空拥堵区域。我们首先根据车辆行驶速度高低，将车载 GPS 设备产生的数据点分为正常行驶和停车等待两种状态。其次，通过建立整数规划模型来确定车辆排队形成的时空拥堵区域。与已有文献中仅利用三角形或多边形来近似车辆排队形成的时空拥堵区域不同，利用本书模型可以得到任何形状的时空拥堵区域，而且时空拥堵区域的形状满足交通波的传播规律。针对在低车辆渗透率和高采样时间间隔下 GPS 数据点稀疏的情况，我们选择利用多个信号灯周期中的数据，并对信号灯周期中的时空拥堵区域进行分类。这样的话，就可以在 GPS 数据点稀疏的情况下完成时空拥堵区域的估算。根据得到的时空拥堵区域还可以进一步计算出队列长度。最后，利用仿真数据和 NGSIM 数据 (Administration, 2006) 进行数值实验以验证本书建立的模型。数值实验的结果表明，即使是在 10%、20% 的低车辆渗透率和 20 s、30 s 的高采样时间间隔下，利用本书的模型依然能够较好地估算出时空拥堵区域。

本章结构如下：6.2 节介绍本书建立的优化模型，包括符号与定义、约束条件及目标函数；6.3 节介绍数值实验，包括利用仿真数据和 NGSIM 数据得到的实验结果；6.4 节对本章内容进行总结。

6.2 优 化 模 型

本节详细介绍本书建立的优化模型。其中，6.2.1 节介绍符号与定义，6.2.2 节介绍模型的约束条件，6.2.3 节介绍模型的目标函数。

6.2.1 符号与定义

在信号灯路口，车辆排队形成的拥堵会随着时间推移从路口停车线处逐渐向道路的上游传播。拥堵的传播可以在时空图中表示。一般而言，时空图的横轴表示时间，纵轴表示当前位置至停车线的距离 (Cheng et al., 2012; Ramezani et al., 2015)。为了绘制时空图，我们首先把道路切分为等长的路段，并按照从上游到停车线处的顺序将这些路段依次标记为 $1, \cdots, j, \cdots, J$。然后，以红灯亮起的时刻为起点把信号灯周期切分为 M 个等长的时间间隔，并按照从前往后的时间顺序依次将这些时间间隔标记为 $1, \cdots, m, \cdots, M$。对于给定的路段 j 和时间间隔 m，可以在时空图中确定与之对应的单元格 $\langle j, m \rangle$。从这样的时间和道路切分方法可知，单元格 $\langle J, 1 \rangle$ 是时空拥堵区域的起始单元格。对于车辆生成的 GPS 数据点，我们定义如下二元指示变量来表示数据点 i 处于正常行驶状态，还是停车等待状态：

$$P_i = \begin{cases} 1, & \text{如果 } v_i \leqslant v_{\text{th}} \\ 0, & \text{反之} \end{cases} \tag{6-1}$$

其中，v_i 是 GPS 数据点 i 的速度；v_{th} 是阈值参数，该参数在文献中已被广泛运用 (Cheng et al., 2011, 2012; Ramezani et al., 2015)。根据 GPS 数据点 i 的时间和位置，可以确定其所在的信号灯周期 n_i 以及对应的单元格 $\langle j_i, m_i \rangle$。考虑到浮动车产生的 GPS 数据点分散在时空区域中，有些单元格中会没有 GPS 数据点。

为了表示信号灯周期 n 中的单元格 $\langle j, m \rangle$ 是否被包括在时空拥堵区域中，我们定义如下二元决策变量：

$$\delta_{j,m,n} = \begin{cases} 1, & \text{如果信号灯周期 } n \text{ 中的单元格 } \langle j, m \rangle \text{ 被包括} \\ & \text{在时空拥堵区域中} \\ 0, & \text{反之} \end{cases} \tag{6-2}$$

如果在一个信号灯周期中 GPS 数据点比较多，例如，当浮动车的渗透率较高且采样时间间隔较低时，我们仅利用这些 GPS 数据点就可以估算出该信号灯周期中车辆排队形成的时空拥堵区域。但是，当车辆渗透率较低或采样时间间隔较高时，单个信号灯周期内车辆产生的 GPS 数据点数量可能不足以估算车辆排队形成的时空拥堵区域。为了解决这个问题，我们选择利用多个信号灯周期内的数据并对信号灯周期中的时空拥堵区域进行分类。我们首先定义二元决策变量 $\tau_{j,m,k}$ 来表示单元格 $\langle j, m \rangle$ 是否被包括在类型 k 的时空拥堵区域中：

$$\tau_{j,m,k} = \begin{cases} 1, & \text{如果单元格 } \langle j, m \rangle \text{ 被包括在类型 } k \text{ 的时空拥堵区域中} \\ 0, & \text{反之} \end{cases}$$
$$\tag{6-3}$$

其次，根据时空拥堵区域的形状，定义二元决策变量 $z_{n,k}$ 来表示信号灯周期 n 中的时空拥堵区域是否属于类型 k：

$$z_{n,k} = \begin{cases} 1, & \text{信号灯周期 } n \text{ 中的时空拥堵区域属于类型 } k \\ 0, & \text{反之} \end{cases} \tag{6-4}$$

在不同的信号灯周期中，属于同一类型的时空拥堵区域具有相同的形状。也就是说，如果不同信号灯周期中的时空拥堵区域属于同一类型，那么这些信号灯周期中的单元格对应的决策变量 $\delta_{j,m,n}$ 的取值相同。例如，如果信号灯周期 n' 和 n'' 中的时空拥堵区域同属类型 k_0，那么对于所有的 $1 \leqslant j \leqslant J, 1 \leqslant m \leqslant M$，就有 $\delta_{j,m,n'} = \delta_{j,m,n''} = \tau_{j,k_0}$。

当得到 $\delta_{j,m,n}$ 的取值时，我们可以按照式 (6-5) 计算出队列长度对应的路段数目：

$$\hat{l}_n = \max_{\delta_{j,m,n}=1} J - j + 1 \tag{6-5}$$

我们通过求解由 6.2.2 节中的约束条件和 6.2.3 节中的目标函数组成的优化模型来获得 $\delta_{j,m,n}$，$\tau_{j,m,k}$ 和 $z_{n,k}$ 的取值。模型输出的时空拥堵区域的形状能够满足交通波的传播规律。

6.2.2　约束条件

6.2.2.1　每个信号灯周期中的时空拥堵区域都被分类

在每个信号灯周期中，车辆排队形成的时空拥堵区域一定会被分到某一类中。这可以用如下约束条件来表示：

$$\sum_{k=1}^{K} z_{n,k} = 1, \quad \forall 1 \leqslant n \leqslant N \tag{6-6}$$

6.2.2.2　同一类型的时空拥堵区域的形状相同

如果信号灯周期 n 中的时空拥堵区域被分到类型 k，即 $z_{n,k} = 1$，则要求 $\delta_{j,m,n}$ 与 $\tau_{j,m,k}$ 的取值相同，即 $\delta_{j,m,n} = \tau_{j,m,k}$。这可以用约束条件 (6-7) 和约束条件 (6-8) 来表示：

$$\delta_{j,m,n} - \tau_{j,m,k} \leqslant 1 - z_{n,k},$$
$$\forall 1 \leqslant j \leqslant J, 1 \leqslant m \leqslant M, 1 \leqslant n \leqslant N, 1 \leqslant k \leqslant K \tag{6-7}$$

$$\tau_{j,m,k} - \delta_{j,m,n} \leqslant 1 - z_{n,k},$$
$$\forall 1 \leqslant j \leqslant J, 1 \leqslant m \leqslant M, 1 \leqslant n \leqslant N, 1 \leqslant k \leqslant K \tag{6-8}$$

6.2.2.3　时空拥堵区域的起始单元格

路口车辆排队的过程是从红灯亮起时最靠近停车线的位置开始的，这意味着在每个信号灯周期中，单元格 $\langle J, 1 \rangle$ 都是时空拥堵区域的起始单元格。这可以用约束条件 (6-9) 来表示：

$$\delta_{J,1,n} = 1, \quad \forall 1 \leqslant n \leqslant N \tag{6-9}$$

6.2.2.4　交通波的有向传播

交通波的传播在时间和空间上都具有方向性 (Chung et al., 2012; Wang et al., 2018)。如图 6.1 所示，交通波的有向传播要求如果信号灯周期 n 中的单元格 $\langle j, m \rangle$ 被包括在时空拥堵区域中（$\delta_{j,m,n} = 1$），则要求单元格 $\langle j+1, m \rangle$ 或 $\langle j, m-1 \rangle$，或两者都被包括在时空拥堵区域中，即 $\delta_{j+1,m,n} = 1$ 或 $\delta_{j,m-1,n} = 1$，或两者的值都为 1。这可以用约束条件 (6-10) 来表示：

$$\delta_{j+1,m,n} + \delta_{j,m-1,n} \geqslant \delta_{j,m,n}, \quad \forall 1 \leqslant j \leqslant J, 1 \leqslant m \leqslant M, 1 \leqslant n \leqslant N \tag{6-10}$$

路段 ↑	时间	
	$m-1$	m
$j+1$		$\delta_{j+1,m,n} = ?$
j	$\delta_{j,m-1,n} = ?$	$\delta_{j,m,n} = 1$

图 6.1　当 $\delta_{j,m,n} = 1$ 时，需要确保 $\delta_{j+1,m,n} = 1$ 或 $\delta_{j,m-1,n} = 1$，或两者的值都为 1

另外，如图 6.2 所示，如果单元格 $\langle j+1, m \rangle$ 和 $\langle j, m-1 \rangle$ 都被包括在时空拥堵区域中（$\delta_{j+1,m,n} = 1$ 且 $\delta_{j,m-1,n} = 1$），则单元格 $\langle j, m \rangle$ 也一定被包括在时空拥堵区域中（$\delta_{j,m,n} = 1$）。这可以用约束条件 (6-11) 来表示：

路段 ↑	时间	
	$m-1$	m
$j+1$		$\delta_{j+1,m,n} = 1$
j	$\delta_{j,m-1,n} = 1$	$\delta_{j,m,n} = ?$

图 6.2　当 $\delta_{j,m-1,n} = 1$ 且 $\delta_{j+1,m,n} = 1$ 时，需要确保 $\delta_{j,m,n} = 1$

$$\delta_{j+1,m,n} + \delta_{j,m-1,n} - 1 \leqslant \delta_{j,m,n}, \quad \forall 1 \leqslant j \leqslant J, 1 \leqslant m \leqslant M, 1 \leqslant n \leqslant N$$

$$(6\text{-}11)$$

6.2.2.5　车辆的等待时长递减

在一个信号灯周期中，自红灯亮起开始，先到达停车线处的车辆的等待时长要大于后到达的车辆。以图 6.3 为例，该图展示了三辆车的行驶轨迹，它们各自的停车等待时长的大小可以用图中两端为圆点的线段长短表示。从这幅图可以看出，车辆 1～车辆 3 的等待时长递减。也就是说，按照先后到达的顺序，下游路段车辆的等待时长要不小于上游路段车辆的等待时长。这可以用约束条件 (6-12) 来表示：

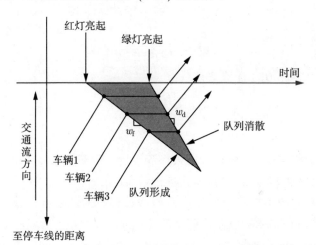

图 6.3　单个信号灯周期中车辆排队形成的时空拥堵区域的示意图

其中车辆的等待时长用两端为圆点的线段标注出来

$$\sum_{m=1}^{M} \delta_{j+1,m,n} \geqslant \sum_{m=1}^{M} \delta_{j,m,n}, \quad \forall 1 \leqslant j \leqslant J, 1 \leqslant n \leqslant N \qquad (6\text{-}12)$$

6.2.2.6　队列的形成与消散

车辆的排队过程分为两个阶段，即队列的形成和消散 (Ban et al., 2011; Cheng et al., 2012; Ramezani et al., 2015)。在 6.2.1 节提到的时空图中，队列形成和消散对应的边界斜率值均为负数。对于队列的形成过程而言，为了确保边界斜率值为负数，要求如果信号灯周期 n 中的单元格 $\langle j, m \rangle$ 被包括在时空拥堵区域中，而单元格 $\langle j, m-1 \rangle$ 不在时空拥堵区域中（$\delta_{j,m,n} = 1$ 且 $\delta_{j,m-1,n} = 0$），那么单元格 $\langle j + \Delta j_{\mathrm{f}}, m - \Delta m_{\mathrm{f}} \rangle$ 一定被包括在时空拥堵区域中（$\delta_{j+\Delta j_{\mathrm{f}}, m-\Delta m_{\mathrm{f}},n} = 1$）。这可以用如下约束条件来表示：

$$\delta_{j,m,n} - \delta_{j,m-1,n} \leqslant \delta_{j+\Delta j_{\mathrm{f}}, m-\Delta m_{\mathrm{f}},n}, \quad \forall 1 \leqslant j \leqslant J, 1 \leqslant m \leqslant M, 1 \leqslant n \leqslant N \tag{6-13}$$

其中，Δj_{f} 和 Δm_{f} 分别是在队列形成过程对应的边界上，将路段 j 向下游方向移动的路段数目和将时间间隔 m 向之前时刻移动的时间间隔数目。

对于队列的消散过程而言，为了确保边界斜率值为负数，要求如果信号灯周期 n 中的单元格 $\langle j, m \rangle$ 被包括在时空拥堵区域中，而单元格 $\langle j, m+1 \rangle$ 不在该区域中（$\delta_{j,m,n} = 1$ 且 $\delta_{j,m+1,n} = 0$），那么单元格 $\langle j + \Delta j_{\mathrm{d}}, m - \Delta m_{\mathrm{d}} \rangle$ 一定不在时空拥堵区域中（$\delta_{j+\Delta j_{\mathrm{d}}, m-\Delta m_{\mathrm{d}},n} = 0$）。这可以用约束条件 (6-14) 来表示：

$$\delta_{j+\Delta j_{\mathrm{d}}, m-\Delta m_{\mathrm{d}},n} \leqslant 1 - (\delta_{j,m,n} - \delta_{j,m+1,n}),$$
$$\forall 1 \leqslant j \leqslant J, 1 \leqslant m \leqslant M, 1 \leqslant n \leqslant N \tag{6-14}$$

其中，Δj_{d} 和 Δm_{d} 分别是在队列形成过程对应的边界上，将路段 j 向下游方向移动的路段数目和将时间间隔 m 向之前时刻移动的时间间隔数目。

另外，从图 6.3 可以发现队列消散过程对应的边界斜率的绝对值大于队列形成过程对应的边界斜率的绝对值，即 $|w_{\mathrm{d}}| > |w_{\mathrm{f}}|$。这可以用如图 6.4 所示的交通基本图进行解释。该图展示了 w_{f} 三个可能的取值（$w_{\mathrm{f}1}, w_{\mathrm{f}2}, w_{\mathrm{f}3}$），它们的绝对值递增，但是都均小于 w_{d}，即 $|w_{\mathrm{f}1}| < |w_{\mathrm{f}2}| < |w_{\mathrm{f}3}| < |w_{\mathrm{d}}|$，而且 w_{f} 的取值会逐渐趋近 w_{d}。为了确保这样的大小关系，需要设置 $\dfrac{\Delta j_{\mathrm{f}}}{\Delta m_{\mathrm{f}}} < \dfrac{\Delta j_{\mathrm{d}}}{\Delta m_{\mathrm{d}}}$。

6.2.2.7　二元决策变量

首先，我们利用如下约束条件来要求决策变量的取值为 0 或 1：

$$\delta_{j,m,n} \in \{0, 1\}, \quad \forall 1 \leqslant j \leqslant J, 1 \leqslant m \leqslant M, 1 \leqslant n \leqslant N \tag{6-15}$$

$$\tau_{j,m,k} \in \{0, 1\}, \quad \forall 1 \leqslant j \leqslant J, 1 \leqslant m \leqslant M, 1 \leqslant k \leqslant K \tag{6-16}$$

$$z_{n,k} \in \{0, 1\}, \quad \forall 1 \leqslant 1 \leqslant n \leqslant N, 1 \leqslant k \leqslant K \tag{6-17}$$

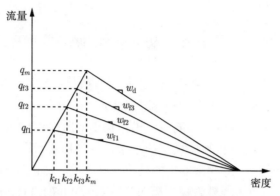

图 6.4　　与图 6.3 对应的交通基本图

另外，在约束条件(6-10)~约束条件(6-14)中，j 和 m 的取值可能会超出限定的范围，因此定义如下的边界约束条件：

$$\delta_{j,m,n} = 0, \quad \forall j \notin \{1,2,\cdots,J\} \text{ 或 } m \notin \{1,2,\cdots,M\} \tag{6-18}$$

$$\tau_{j,m,k} = 0, \quad \forall j \notin \{1,2,\cdots,J\} \text{ 或 } m \notin \{1,2,\cdots,M\} \tag{6-19}$$

6.2.3　目标函数

如式(6-20)所示，模型的目标函数是最小化两项之和。第一项表示当 $P_i = 1$ 时，数据点 i 的速度值不大于设定的阈值，我们则希望单元格 $\langle j_i, m_i \rangle$ 对应的决策变量 δ_{j_i,m_i,n_i} 的值也为 1。这样的话，该单元格就能够被包括在时空拥堵区域中。类似地，当 $P_i = 0$ 时，数据点 i 的速度值大于设定的阈值，我们则希望单元格 $\langle j_i, m_i \rangle$ 对应的决策变量 δ_{j_i,m_i,n_i} 的值也为 0。这样的话，该单元格就不被包括在时空拥堵区域中。第二项表示当单元格中没有数据点时，该单元格对应的决策变量的取值可能为 1，这会造成时空拥堵区域中单元格的数量被高估。为了避免这样的情形，我们在目标函数中加入了一个惩罚项，以使无 GPS 数据点的单元格对应的决策变量的取值为 0，其中 λ 是取值很小的正数的参数。

$$\text{minimize} \quad \sum_{i=1}^{I} [P_i(1-\delta_{j_i,m_i,n_i}) + (1-P_i)\delta_{j_i,m_i,n_i}] + \lambda \sum_{n=1}^{N} \sum_{j=1}^{J} \sum_{m=1}^{M} \delta_{j,m,n}$$

$$\tag{6-20}$$

6.3　数值实验

本节利用仿真数据和 NGSIM 数据进行数值实验以验证本书的模型。我们首先使用交通仿真软件 TransModeler 生成仿真数据，并展示在不同的车辆渗透率和采样时间间隔下，模型输出的时空拥堵区域。然后，利用 NGSIM 数据进一步检验模型的结果，并同样展示在不同的车辆渗透率和采样时间间隔下，模型输出的时空拥堵区域。数值实验中的代码使用 Matlab R2015b 编写，整数规划模型使用 Gurobi 8.1.0 (Gurobi, 2018) 进行求解。所有计算都是在配置为 Intel 4.00 GHz CPU 和 16 GB 内存的台式计算机上完成的。

6.3.1　仿真数据

在如图 6.5 所示的信号灯路口，我们使用交通仿真软件 TransModeler 进行仿真实验，在该图中，箭头表示每条车道上的行车方向。我们关注的是从分支 1 到分支 3 直行的车辆在信号灯路口的排队。我们总共模拟了 10 个信号灯周期，而且前 5 个周期与后 5 个周期中的车流量比例设置为 2:1。信号灯周期的时长为 160 s，其中直行方向和左转方向的放行时间都设置为 40 s。饱和车流量设置为 1800 辆/（h· 车道）。TransModeler 能够以 s 为单位输出 GPS 数据。

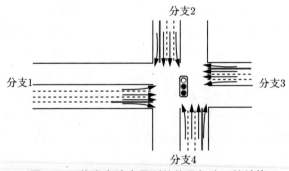

图 6.5　仿真实验中用到的信号灯路口的结构

我们观察了不同车辆渗透率和采样时间间隔下的结果。首先，根据给定的车辆渗透率选取仿真数据中的车辆。其次，根据设定的采样时间间隔对所选取车辆产生的 GPS 数据进行采样，并把采样得到的数据作为模型的输入数据。此外，我们把道路切分为长度为 5 m 的路段，并把时间切分为时长为 2 s 的时间间隔。这意味着时空图的分辨率为 5 m × 2 s。参照已有文献中 v_{th} 的取值，如 Cheng 等 (2012) 用到的 3 mi/h 及 Ramezani 等 (2015) 用到的 1 m/s，v_{th} 的值设置为 2 km/h。根据 6.2.3 节的分析，λ 的值设置为 0.001。根据 6.2.2 节中关于交通波速度的分析并参考已有文献中交通波速度的设置 (Daganzo et al., 2008; Dervisoglu et al., 2009)，Δj_d 和 Δm_d 的值分别设置为 5 和 1，Δj_f 和 Δm_f 的值分别设置为 2 和 1。

图 6.6 和图 6.7 分别展示了在不同车辆渗透率和采样时间间隔下，模型输出的时空拥堵区域。具体而言，图 6.6 是车辆渗透率为 100% 且采样时间间隔为 1 s 时的结果，而图 6.7 是车辆渗透率为 10% 且采样时间间隔为 30 s 时的结果。从图 6.6 和图 6.7 所示的结果可以看出，模型输出的时空拥堵区域的形状满足交通波的传播规律。而且，即使是在车辆渗透率较低和采样时间间隔较高的情况下，利用本书的模型依然能够较好地估算出时空拥堵区域。

根据模型输出的时空拥堵区域，利用式(6-5)计算出的队列长度。在表 6.1 中，我们总结了不同车辆渗透率和采样时间间隔下的结果。第 1 列是车辆渗透率和采样时间间隔。第 2 列是信号灯周期的编号。第 3 列是真实的队列长度，其数值是当车辆渗透率为 100% 且采样时间间隔为 1 s 时，处于停止状态的车辆距路口停车线的最大距离。第 4 列和第 5 列分别是每个信号灯周期中的车辆数目和 GPS 数据点数目。第 6 列是模型确定的每个信号灯周期中的时空拥堵区域所属的类型。第 7 列表示第 6 列中的分类结果是否正确。第 8 列是估算的队列长度。第 9 列和第 10 列分别是以 s 和辆为单位的估算队列长度与真实队列长度差值的绝对值，其中，车辆长度设置为 6.5 m。我们还计算了在时空拥堵区域内部和外部 GPS 数据点的数目。第 11 列和第 12 列分别是在时空拥堵区域内部，根据式(6-1)计算而得的取值为 1 和 0 的 GPS 数据点的数目。第 13 列和第 14 列分别是在时空拥堵区域外，根据式(6-1)计算而得的取值为 1 和 0 的 GPS 数据点的数目。以第 1 行为例，当车辆渗透率为 100%、采样时间间隔为 1 s（第 1 列）时，对于第一个信号灯周期（第 2 列），队列

长度的真实值为 115 m（第 3 列）。在该信号灯周期中共有 40 辆车（第 4 列），这些车辆共产生 2147 个 GPS 数据点（第 5 列）。该信号灯周期中的时空拥堵区域被分到类型 1（第 6 列）且分类结果正确（第 7 列）。队列长度的估算值为 125 m（第 8 列），与真实队列长度差值的绝对值为 $|125 - 115| = 10$ m 或 $10/6.5 = 1.54$ 辆。在估算的时空拥堵区域内部，根据式(6-1)计算而得的取值为 1 和 0 的 GPS 数据点的数目分别是 1650（第 11 列）和 52（第 12 列）。在估算的时空拥堵区域外部，根据式(6-1)计算而得的取值为 1 和 0 的 GPS 数据点的数目分别是 17（第 13 列）和 428（第 14 列）。

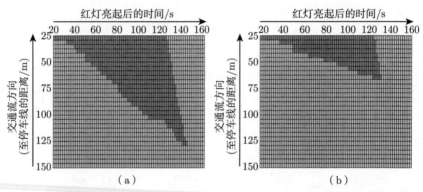

图 6.6　当车辆渗透率为 100% 且采样时间间隔为 1 s 时，模型输出的时空拥堵区域

(a) 属于类型 1 的时空拥堵区域；(b) 属于类型 2 的时空拥堵区域

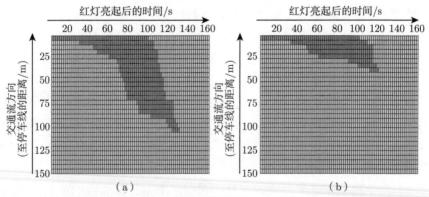

图 6.7　当车辆渗透率为 10% 且采样时间间隔为 30 s 时，模型输出的时空拥堵区域

(a) 属于类型 1 的时空拥堵区域；(b) 属于类型 2 的时空拥堵区域

表 6.1　利用仿真数据得到的数值实验结果

1	2	3	4	5	6	7	8	9	10	11	12	13	14
车辆渗透率，采样间隔	周期编号	真实队长/m	车辆数目/辆	GPS数据点数目	类型	分类是否正确	估算队长/m	误差绝对值/m	误差绝对值/辆	时空拥堵区域内 $P_i=1$	时空拥堵区域内 $P_i=0$	时空拥堵区域外 $P_i=1$	时空拥堵区域外 $P_i=0$
(100%, 1 s)	1	115	40	2147	1	√	125	10	1.54	1650	52	17	428
	2	117	48	2451	1	√	125	8	1.23	1888	21	28	514
	3	112	42	1944	1	√	125	13	2.00	1436	52	27	429
	4	121	44	2528	1	√	125	4	0.62	1962	28	17	521
	5	118	45	2207	1	√	125	7	1.08	1651	64	6	486
	6	49	23	863	2	√	50	1	0.15	630	21	0	212
	7	46	23	847	2	√	50	4	0.62	624	23	2	198
	8	45	19	976	2	√	50	5	0.77	758	10	7	201
	9	50	20	904	2	√	50	0	0.00	679	9	8	208
	10	45	20	627	2	√	50	5	0.77	405	31	4	187
平均值		—	—	—	—	—	—	5.7	0.88	—	—	—	—
(100%, 30 s)	1	115	40	78	1	√	115	0	0.00	61	0	0	17
	2	117	48	89	1	√	115	2	0.31	71	0	1	17
	3	112	42	75	1	√	115	3	0.46	63	0	0	12
	4	121	44	87	1	√	115	6	0.92	69	0	1	17
	5	118	45	82	1	√	115	3	0.46	58	1	1	22
	6	49	23	33	2	√	50	1	0.15	26	1	0	6
	7	46	23	36	2	√	50	4	0.62	25	0	0	11
	8	45	19	37	2	√	50	5	0.77	27	0	0	10
	9	50	20	36	2	√	50	0	0.00	31	0	0	5
	10	45	20	27	2	√	50	5	0.77	20	1	1	5
平均值		—	—	—	—	—	—	2.9	0.45	—	—	—	—

续表

1	2	3	4	5	6	7	8	9	10	11	12	13	14
(车辆渗透率，采样间隔)	周期编号	真实队长/m	车辆数目/辆	GPS数据点数目	类型	分类是否正确	估算队长/m	误差绝对值/m	误差绝对值/辆	时空拥堵区域内 $P_i=1$	时空拥堵区域内 $P_i=0$	时空拥堵区域外 $P_i=1$	时空拥堵区域外 $P_i=0$
(10%, 1 s)	1	115	7	407	1	√	120	5	0.77	315	2	1	89
	2	117	4	163	1	√	120	3	0.46	116	1	3	43
	3	112	3	116	1	√	120	8	1.23	86	2	0	28
	4	121	4	257	1	√	120	1	0.15	196	0	1	60
	5	118	6	459	1	√	120	2	0.31	374	9	5	71
	6	49	2	55	2	√	40	9	1.38	32	0	1	22
	7	46	1	45	2	√	40	6	0.92	31	1	1	12
	8	45	2	123	2	√	40	5	0.77	97	1	0	25
	9	50	1	107	2	√	40	10	1.54	94	0	0	13
	10	45	2	50	2	√	40	5	0.77	35	0	1	14
	平均值	—	—	—	—	—	—	5.4	0.83	—	—	—	—
(10%, 30 s)	1	115	6	10	1	√	105	10	1.54	3	0	0	7
	2	117	3	12	1	√	105	12	1.85	8	0	0	4
	3	112	1	4	1	√	105	7	1.08	4	0	0	0
	4	121	4	8	1	√	105	16	2.46	7	0	0	1
	5	118	4	7	1	√	105	13	2.00	6	0	0	1
	6	49	2	5	2	√	40	9	1.38	4	0	0	1
	7	46	5	9	2	√	40	6	0.92	7	0	0	2
	8	45	1	6	2	√	40	5	0.77	5	0	0	1
	9	50	1	3	2	√	40	10	1.54	2	0	0	1
	10	45	2	4	2	√	40	5	0.77	2	0	0	2
	平均值	—	—	—	—	—	—	9.3	1.43	—	—	—	—

从表 6.1 中的结果可以发现，本书模型可以准确地对信号灯周期中的时空拥堵区域进行分类。另外，根据式(6-1)计算而得的取值为 1 的 GPS 数据点大多位于时空拥堵区域内部，而取值为 0 的 GPS 数据点大多数位于时空拥堵区域外部。这表明本书模型可以把速度值较低的 GPS 数据点聚集在估算的时空拥堵区域内部。

6.3.2　NGSIM 数据

本节利用 NGSIM 数据进行数值实验以进一步验证本书模型。NGSIM 数据是美国公路管理局提供的公开数据，记录了所有经过佐治亚州亚特兰大市桃城街路口的车辆轨迹 (Administration, 2006)。我们选用的是 2006 年 11 月 8 日 12:45 —13:00 的数据。GPS 数据回传的时间间隔为 0.1 s。我们选用其中 3 个信号灯路口来验证模型。以图 6.8 所示的路口为例，箭头表示车道上车辆的行驶方向，在该图中，以 1 和 2 开头的 3 位数字分别表示车辆行驶的起点和终点。最接近中线的车道编号为 1，车道编号从中间到两侧递增，左转弯车道的编号为 11。我们关注的是从南至北方向行驶的车辆在各路口的排队情况。通过观察车辆的行驶轨迹可以确定真实的队列长度。具体而言，在每个信号灯周期中，标注出停在队列最后的那辆车，并计算该车到停车线的距离，该距离即被视作真实的队列长度。考虑到总共只有 15 min 的数据，信号灯周期中时空拥堵区域的类型数目设置为 1。

按照与仿真数据结果相同的展示思路，我们先展示在不同车辆渗透率和采样时间间隔下模型输出的时空拥堵区域。图 6.9（a）是车辆渗透率为 100% 且采样时间间隔为 1 s 时的结果，图 6.9（b）是车辆渗透率为 20% 且采样时间间隔为 20 s 时的结果。由图 6.9（a）和（b）所示的结果可以看出，模型输出的时空拥堵区域的形状满足交通波的传播规律。而且，即使是在车辆渗透率较低和采样时间间隔较高的情况下，利用本书的模型依然能够较好地估算出时空拥堵区域。

接下来，我们在表 6.2 中总结了不同车辆渗透率和采样时间间隔下队列长度的计算结果，在该表中，我们比较了 15 min 中真实的最大队长和估算的最大队长，对于给定的车辆渗透率和采样时间间隔进行了 5 次实验。

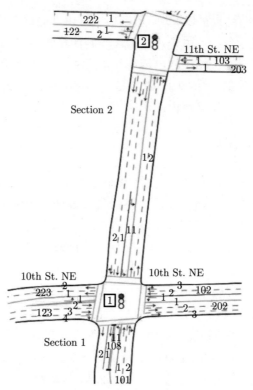

图 6.8   NGSIM 数据对应的路口结构 (Systematics, 2007)

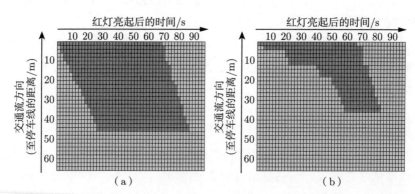

图 6.9   不同车辆渗透率和采样时间间隔下，模型输出的时空拥堵区域

（a）当车辆渗透率为 100 % 且采样时间间隔为 1 s 时，模型输出的时空拥堵区域；（b）当车辆渗透率为 20 % 且采样时间间隔为 20 s 时，模型输出的时空拥堵区域

表 6.2　单利用 NGSIM 数据得到的数值实验结果

编号	真实最大队长/m	车辆渗透率/%	平均每周期车辆数	采样间隔/s	平均每周期 GPS 数据点数	估算平均最大队长/m	绝对误差/m	绝对误差/辆	平均每周期 GPS 数据点数			
									时空拥堵区域内		时空拥堵区域外	
									$P_i=1$	$P_i=0$	$P_i=1$	$P_i=0$
1	44.9	100	6.5	1	248.7	46.0	1.1	0.2	177.0	17.3	6.9	47.5
				10	24.9	46.0	1.1	0.2	18.0	1.6	0.6	4.7
				20	12.3	46.0	1.1	0.2	8.9	0.6	0.4	2.5
		20	1.3	1	52.9	40.0	4.9	0.8	38.2	2.6	1.2	11.0
				10	4.5	36.8	8.1	1.2	3.2	0.1	0.2	1.1
				20	2.4	38.0	6.9	1.1	1.5	0.0	0.2	0.7
2	39.8	100	7.4	1	148.0	40.0	0.2	0.0	81.4	9.6	3.8	53.2
				10	14.8	40.0	0.2	0.0	7.9	0.7	0.6	5.7
				20	7.3	38.4	1.4	0.2	3.8	0.2	0.4	2.9
		20	1.6	1	28.2	37.6	2.2	0.3	15.4	1.6	0.2	11.0
				10	3.7	30.0	9.8	1.5	2.1	0.2	0.1	1.3
				20	1.8	28.0	11.8	1.8	1.1	0.0	0.0	0.7
3	57.7	100	6.9	1	234.5	56.8	0.9	0.1	157.5	16.2	5.8	55.0
				10	23.1	56.0	1.7	0.3	15.8	1.1	0.7	5.6
				20	11.8	54.8	2.9	0.4	7.5	0.4	0.4	3.5
		20	1.4	1	51.0	47.6	10.1	1.6	35.2	2.0	1.1	12.6
				10	4.7	45.6	12.1	1.9	3.0	0.1	0.3	1.3
				20	2.5	45.6	12.1	1.9	1.66	0.04	0.16	0.62

　　表 6.2 中的第 1 列是路口编号；第 2 列是真实的最大队长；第 3 列是车辆渗透率；第 4 列是平均每个信号灯周期中的车辆数；第 5 列是采样时间间隔；第 6 列是平均每个信号灯周期中 GPS 数据点的数目；第 7 列是估算的平均最大队长；第 8 列和第 9 列分别是以 m 和辆为单位的平均估算最大队长与真实最大队长的绝对误差；第 10 列和第 11 列分别是在时空拥堵区域内部，根据式(6-1)计算而得的取值为 1 和 0 的 GPS 数据点的数目；第 12 列和第 13 列分别是在时空拥堵区域外部，根据式(6-1)计算而得的取值为 1 和 0 的 GPS 数据点的数目。以第 1 行为例，真实的最大队长是 44.9 m（第 2 列）。车辆渗透率为 100%（第 3 列）。在此渗透率下，平均每个信号灯周期中有 6.5 辆车（第 4 列）。采样时间间隔为 1 s（第 5 列）。在此车辆渗透率和采样时间间隔下，平均每个信号灯周期中有 248.7 个 GPS 数据点（第 6 列）。根据模型估算得到的平均最大队长为 46.0 m（第 7 列），与真实最大队长的平均绝对误差为 $|44.9 - 46.0| = 1.1$ m（第 8 列）或 $\frac{1.1}{6.5} = 0.2$ 辆（第 9 列）。在估算的时空拥堵区域内部，平均每个信号灯周期中根据式(6-1)计算而得的取值为 1 和 0 的 GPS 数据点数目分别是 177.0（第 10 列）和 17.3（第 11 列）。在估算的时空拥堵区域外部，平均每个信号灯周期中根据式(6-1)计算而得的取值为 1 和 0 的 GPS 数据点数目分别是 6.9（第 12 列）和 47.5（第 13 列）。这再次表明本书模型可以把速度值较低的 GPS 数据点聚集在估算的时空拥堵区域内部。

6.4　本 章 小 结

　　本章建立了整数规划模型来估算信号灯路口车辆排队形成的时空拥堵区域。模型的输入包括浮动车的位置和速度数据及信号灯周期中红灯亮起的时刻。根据这些输入数据，模型可以输出车辆排队形成的时空拥堵区域。我们首先根据车辆行驶速度大小，将 GPS 数据点分为移动和停车等待两种状态。其次，通过建立整数规划模型来确定车辆排队形成的时空拥堵区域。模型输出的时空拥堵区域的形状能够满足交通波的传播规律。针对在低车辆渗透率和高采样时间间隔下 GPS 数据点稀疏的情况，我们选择利用多个信号灯周期中的数据，并对信号灯周期中时空拥堵区域进行分类。因此，本书的模型可以利用同一类型中的 GPS 数据点完成时空拥堵区域的估算。利用得到的时空拥堵区域可以计算出队列长度。最后，利用仿真数据和 NGSIM 数据进行数值实验来验证本书建立的模型。数值实验的结果表明，即使是在 10%、20% 的低车辆渗透率和 20 s、30 s 的高采样时间间隔下，利用本书的模型依然能够较好地估算出时空拥堵区域。

第 7 章　总结与展望

7.1　总　　结

　　交通拥堵不仅会增加人们的出行时间、提高出行成本，给人们的工作和生活带来诸多不便，还会降低道路通行效率、加大管理难度，影响现代城市的可持续发展。探索交通拥堵的形成和传播机制对于缓解和预防交通拥堵具有重要的意义。本书基于交通波的时空传播规律，结合交通拥堵的产生原因，对若干与交通拥堵相关的问题进行建模与分析。本书的主要内容分为 4 个研究专题，分别是结合交通波的传播规律估算事故的时空影响范围、利用初始事故的时空影响范围识别次生事故、利用车流速度的时空演变修正事故报告中事发时间和位置的偏差、估算信号灯路口车辆排队形成的时空拥堵区域。本书的主要研究工作包括以下内容。

　　（1）结合交通波的传播规律估算事故的时空影响范围

　　本书研究的第一个问题是估算事故的时空影响范围。虽然已有很多文献提出各种各样的方法来估算事故造成的时空拥堵区域，但是还没有文献能够确保得到的时空拥堵区域的形状满足交通波的传播规律。为解决这个问题，本书结合交通波的传播规律设计了一组约束条件，通过建立整数规划模型来估算事故的时空影响范围。

　　本书首先把道路切分成等长的路段，把时间切分成等长的时间间隔，以得到时空区域中的单元格并构建时空速度矩阵。其次，通过定义 0-1 变量来表示事故发生后时空单元格的车辆速度是否显著低于无事故发生时的平均速度。然后，通过构建约束条件和目标函数来确定受到事故影响的时空单元格，进而确定事故的时空影响范围。最后，本书严格地证明了模型输出的时空拥堵区域的形状能够满足交通波的传播规律对应的 3 条规则。利用仿真数据和真实数据进行的数值实验结果表明，与同类研究中的最新模型相比，本书模型不仅能够输出满足交通波传播规律的时空拥堵区域，而且可以减少 95%~98% 的求解时间。

　　本研究的主要意义在于，首次通过建立整数规划模型来得到满足交通波传播规律的时空拥堵区域，并对此进行了严格的证明，而且模型的求解时间远少于同类研究中的最新模型。这为将来开展与事故的时空影响相关的研究奠定了重要的基础。

　　（2）利用初始事故的时空影响范围识别次生事故

　　本书研究的第二个问题是识别与初始事故对应的次生事故。已有文献中识别次生事故的方法大致可以分为 4 类，分别是基于固定时空边界阈值的方法、基于排队模型的方法、基于时空速度图的方法及基于交通波传播规律的方法。这 4 类方法由于数据限制或各自存在的局限，无法被广泛应用或识别错误率偏高。本研究提出了一种结合时空速度图和交通波传播规律的新方法，以提高次生事故识别的准确率。

　　对于一起给定的初始事故，我们首先计算出与之对应的时空速度矩阵，并据此绘制时空速度图。其次，结合交通波的传播规律，建立优化模型来估算受该初始事故影响的时空区域。再次，对模型进行拓展以处理在选定的时空范围内有多起初始事故的情形，拓展后的模型能够确定每个初始事故的时空影响范围，并使交通波的传播规律依然被满足。然后，根据初始事故影响的时空影响范围，判断后续事故是否为与初始事故对应的次生事故。最后，利用真实数据进行数值实验以验证本书提出的方法。通过与基于固定时空边界阈值的方法和基于时空速度图的方法进行对比，结果表明，本书提出的方法能够减少次生事故的识别错误。

　　本研究的主要意义在于，提出了一种结合时空速度图和交通波传播规律的新方法来识别与初始事故对应的方法，并把确定单个事故的时空影响范围的模型进行拓展，以处理时空区域中包含多起初始事故的情形。

　　（3）利用车流速度的时空演变修正事故报告中事发时间和位置的偏差

　　本书研究的第三个问题是修正事故报告中事发时间和位置的偏差。虽然已有很多研究致力于修正事故报告中存在的偏差，但是它们都只关注修正事发位置的偏差，而忽略了事发时间的偏差。为填补此项研究空白，本书提出了一种能够同时修正事故报告中事发时间和位置偏差的方法。

对于给定的事故，我们首先参考已有文献中的方法在报告的事发位置周围选出可能的事发道路。其次，结合各条可能的事发道路上车流速度的时空演变，选择一个与有事故发生时速度时空演变最一致的道路，并将此道路确定为最终的事发道路。本书通过建立整数规划模型来完成这样一个选择过程，而且结合交通波的传播规律设计一组约束条件，估算出受事故影响的时空区域。然后，根据时空区域中速度最先开始降低的单元格确定事故的发生时间和位置，并据此修正事故报告中事发时间和位置的偏差。本书还严格地证明了即使在事发时间和位置均未知及存在多条可能事发道路的情况下，模型输出的受事故影响的时空区域的形状依然满足交通波的传播规律，从而放松了已有研究中关于事发时间和位置均已知的假设。最后，利用真实数据进行的数值实验结果表明，本书的模型将平均时间偏差从 7.3 min 降到 1.6 min，降幅达 78.08%，并将平均位置偏差从 0.156 km 降到 0.024 km，降幅达 84.62%。另外，本书还针对事故造成相反道路方向上的拥堵及在时空区域中存在多起事故的情形进行了拓展讨论。

本研究的主要意义在于，首次提出能够同时修正事故报告中事发时间和位置偏差的方法，并严格地证明了即使在事发时间和位置均未知及存在多条可能事发道路的情况下，模型输出的受事故影响的时空区域的形状依然能够满足交通波的传播规律，从而放松了已有研究中关于事发时间和位置均已知的假设。

（4）估算信号灯路口车辆排队形成的时空拥堵区域

本书研究的第四个问题是估算信号灯路口车辆排队形成的时空拥堵区域。关于信号灯路口排队长度估算的研究大致可以分为两类，分别是输入输出模型和交通波模型。对于前者，当队长末端在车辆探测器覆盖的区域外时，由于到达的车辆无法被探测，这类模型就会产生较大的计算误差。对于后者，需要假定车辆到达率已知或需要额外数据，这限制了这类模型的应用。为解决上述挑战，本书建立优化模型来估算信号灯路口车辆排队形成的时空拥堵区域。

模型的输入包括浮动车的位置和速度数据，以及信号灯周期中红灯亮起的时刻。根据这些输入数据，模型可以输出车辆排队形成的时空拥堵区域。本书首先根据车辆行驶速度大小，将 GPS 数据点分为正常行驶和停车等待两种状态。然后，通过建立整数规划模型来确定车辆排队形成的时空拥堵区域。与已有文献中利用三角形或多边形来近似车辆排队形成的时空拥堵区域不同，利用本书的模型可以得到任何形状且满足交通波传播规律的时空拥堵区域。针对在低车辆渗透率和高采样时间间隔下GPS 数据点稀疏的情况，我们选择利用多个信号灯周期中的数据，并对信号灯周期中时空拥堵区域进行分类，以利用同一类型中的 GPS 数据点完成时空拥堵区域的估算。根据得到的时空拥堵区域还可以进一步计算出队列长度。最后，利用仿真数据和 NGSIM 数据进行数值实验，结果表明，即使是在 10%、20% 的低车辆渗透率和 20 s、30 s 的高采样时间间隔下，利用本书的模型依然能够较好地估算出时空拥堵区域。

本研究的主要意义在于，首次建立整数规划模型来估算信号灯路口车辆排队形成的时空拥堵区域，而且利用本书的模型可以得到任何形状且满足交通波传播规律的时空拥堵区域。

7.2　展　　望

本书基于交通波的传播规律，用 4 个研究专题对与交通拥堵相关的问题进行深入的研究，填补了一定的研究空白。在本书工作的基础上，后续可以从以下几个方面进行拓展研究。

（1）建立适用于城市路网结构的模型。在第 3~5 章的研究中，我们关注的是交通事故发生城市快速路上的情形，而在实际生活中，不少事故发生在城市路网中。考虑到城市路网中车辆的行驶速度除了受到事故的影响外，还会受到诸如交通信号灯、行人、车辆变道等其他因素的影响，在将来的研究中，我们可以尝试结合新的方法来处理事故发生在城市路网中的情形。例如，可以考虑将本书的模型与一些机器学习的方法 (Deka et al., 2014; Du et al., 2016; Hofleitner et al., 2012; Huang et al., 2020; Liu et al., 2020; Seo et al., 2017) 结合起来，综合利用车辆速度、道路信息（如道路类型、宽度、几何结构等）、交通状况（如车流量、车辆密度等）数据。

（2）对次生事故进行进一步研究。在第 4 章的研究中，本书提出了识别与初始事故对应的次生事故的新方法。在将来的研究中，我们可以从以下两个方面进行拓展研究：一是利用更多的次生事故案例，分析次生事故的相关特性，例如，次生事故的时空分布、事故影响消除时间、与初始事故之间的时空距离等；二是关注初始事故造成的相反道路方向上的次生事故。已有一些文献尝试利用基于静态时空阈值的方法来识别相反道路方向上的次生事故 (Green et al., 2012; Sarker et al., 2015)，而我们可以在第 4 章工作的基础上进一步识别相反道路方向上的次生事故。

（3）尝试不同的确定速度阈值参数的方法。第 3 章的研究主要是利用仿真数据完成 α 的取值对车辆延误估算值的敏感性分析，并选定当车辆延误的估算值与真实值之间误差最小时对应的 α 取值。在第 3~5 章利用真实数据进行的数值实验中，上述 α 取值的思路依然被采用。第 6 章利用固定的速度阈值参数来区分车辆是正常行驶，还是在路口排队等候。虽然上述确定参数的方法均参考了已有文献，但是在将来的研究中，我们可以尝试拟合车辆速度数据的分布，并根据拟合得到的速度分布函数确定用于区分拥堵状态和非拥堵状态的速度阈值。

（4）考虑信号灯路口车辆排队出现溢出的情况。第 6 章的研究主要分析的是信号灯路口车辆排队的队列都在与该路口相连的道路内的情形。但是，在车辆排队严重的情况下，队尾末端的车辆可能会溢出到上游相邻的道路上。在将来的研究中，我们可以尝试对第 6 章的模型进行拓展以处理上述路口车辆排队出现溢出的情形。

参 考 文 献

高鹏, 张子秦, 2011. 城市交通拥堵分析及对策研究[J]. 交通科技与经济, 2(13):22-12.

顾涛, 刘泽, 刘跃军, 等, 2019. 考虑交通拥堵效应的大城市私家车出行成本分析[J]. 山东科学, 32(1):76-82.

林雄斌, 杨家文, 2015. 城市交通拥堵特征与治理策略的多维度综合评述[J]. 综合运输, 8:55-61.

李卫东, 2019. 城市交通拥堵成因及治理研究[J]. 合作经济与科技, 9(5):10-13.

谈晓洁, 周晶, 盛昭瀚, 2003. 城市交通拥挤特征及疏导决策分析[J]. 管理工程学报, 17(1):56-60.

徐东云, 2007. 城市交通拥堵治理模式理论的新进展[J]. 综合运输, 5:5-8.

杨浩雄, 李金丹, 张浩, 等, 2014. 基于系统动力学的城市交通拥堵治理问题研究[J]. 系统工程理论与实践, 34(8):2135-2143.

章锡俏, 袁亚龙, 孙志超, 2017. 居民出行成本影响因素的改进解释结构模型研究[J]. 重庆交通大学学报 (自然科学版), 36(7):101-105.

ADMINISTRATION F H, 2006. Next generation simulation fact sheet[M]. United States: Department of Transportation.

ANBAROGLU B, HEYDECKER B, CHENG T, 2014. Spatio-temporal clustering for non-recurrent traffic congestion detection on urban road networks[J]. Transportation Research Part C, 48:47-65.

ANBAROGLU B, CHENG T, HEYDECKER B, 2015. Non-recurrent traffic congestion detection on heterogeneous urban road networks[J]. Transportmetrica A: Transport Science, 11(9):754-771.

AUSTIN K, 1995. The identification of mistakes in road accident records: Part 1, locational variables[J]. Accident Analysis & Prevention, 27(2):261-276.

BAN X J, HAO P, SUN Z, 2011. Real time queue length estimation for signalized intersections using travel times from mobile sensors[J]. Transportation Research Part C, 19(6):1133-1156.

BÍL M, ANDRÁŠIK R, JANOŠKA Z, 2013. Identification of hazardous road locations of traffic accidents by means of kernel density estimation and cluster significance evaluation[J]. Accident Analysis & Prevention, 55:265-273.

BOUYAHIA Z, HADDAD H, JABEUR N, et al., 2019. A two-stage road traffic congestion prediction and resource dispatching toward a self-organizing traffic control system[J]. Personal and Ubiquitous Computing, 23(5-6):909-920.

BURNS S, MIRANDA-MORENO L, STIPANCIC J, et al., 2014. Accessible and practical geocoding method for traffic collision record mapping: Quebec, Canada, Case Study[J]. Transportation Research Record: Journal of the Transportation Research Board, 2460(1):39-46.

CALIPER, 2016. Transmodeler traffic simulation software user's manual[M]. United States: Caliper Corporation.

CASTRO M, PALETI R, BHAT C R, 2012. A latent variable representation of count data models to accommodate spatial and temporal dependence: Application to predicting crash frequency at intersections[J]. Transportation Research Part B, 46(1):253-272.

CHANG G, ROCHON S, 2011. Performance evaluation and benefit analysis for CHART[R]. United States: Maryland Department of Transportation.

CHEN Z, LIU X C, ZHANG G, 2016. Non-recurrent congestion analysis using data-driven spatiotemporal approach for information construction[J]. Transportation Research Part C, 71:19-31.

CHENG Y, QIN X, JIN J, et al., 2011. Cycle-by-cycle queue length estimation for signalized intersections using sampled trajectory data[J]. Transportation Research Record: Journal of the Transportation Research Board, 2257(1):87-94.

CHENG Y, QIN X, JIN J, et al., 2012. An exploratory shockwave approach to estimating queue length using probe trajectories[J]. Journal of Intelligent Transportation Systems, 16(1):12-23.

CHOU C S, MILLER-HOOKS E, 2009. Simulation-based secondary incident filtering method[J]. Journal of Transportation Engineering, 136(8):746-754.

CHOW W M, 1976. A study of traffic performance models under an incident condition[J]. Transportation Research Record: Journal of the Transportation Research Board, 567:31-36.

CHUNG Y, 2011. Quantification of nonrecurrent congestion delay caused by freeway accidents and analysis of causal factors[J]. Transportation Research Record: Journal of the Transportation Research Board, 2229(1):8-18.

CHUNG Y, 2013. Identifying primary and secondary crashes from spatiotemporal crash impact analysis[J]. Transportation Research Record: Journal of the Transportation Research Board, 2386(1):62-71.

CHUNG Y, CHANG I, 2015a. How accurate is accident data in road safety research? An application of vehicle black box data regarding pedestrian-to-taxi accidents in Korea[J]. Accident Analysis & Prevention, 84:1-8.

CHUNG Y, RECKER W W, 2012. A methodological approach for estimating temporal and spatial extent of delays caused by freeway accidents[J]. IEEE Transactions on Intelligent Transportation Systems, 13(3):1454-1461.

CHUNG Y, RECKER W W, 2013. Spatiotemporal analysis of traffic congestion caused by rubbernecking at freeway accidents[J]. IEEE Transactions on Intelligent Transportation Systems, 14(3):1416-1422.

CHUNG Y, RECKER W W, 2015b. Frailty models for the estimation of spatiotemporally maximum congested impact information on freeway accidents[J]. IEEE Transactions on Intelligent Transportation Systems, 16(4):2104-2112.

COMERT G, 2013. Simple analytical models for estimating the queue lengths from probe vehicles at traffic signals[J]. Transportation Research Part B, 55:59-74.

COMERT G, 2016. Queue length estimation from probe vehicles at isolated intersections: Estimators for primary parameters[J]. European Journal of Operational Research, 252(2):502-521.

COMERT G, CETIN M, 2009. Queue length estimation from probe vehicle location and the impacts of sample size[J]. European Journal of Operational Research, 197(1):196-202.

DAGANZO C F, GEROLIMINIS N, 2008. An analytical approximation for the macroscopic fundamental diagram of urban traffic[J]. Transportation Research Part B, 42(9):771-781.

DEKA L, QUDDUS M, 2014. Network-level accident-mapping: Distance based pattern matching using artificial neural network[J]. Accident Analysis & Prevention, 65:105-113.

DERVISOGLU G, GOMES G, KWON J, et al., 2009. Automatic calibration of the fundamental diagram and empirical observations on capacity[C]//Transportation Research Board. Transportation Research Board 88th Annual Meeting. Washington, D.C., United States: National Academy of Sciences.

DU B, CHIEN S, LEE J, et al., 2016. Artificial neural network model for estimating temporal and spatial freeway work zone delay using probe-vehicle data [J]. Transportation Research Record: Journal of the Transportation Research Board, 2573(1):164-171.

DUTTA A, PARKER S, QIN X, et al., 2007. System for digitizing information on wisconsin's crash locations[J]. Transportation Research Record: Journal of the Transportation Research Board, 2019(1):256-264.

GEURTS K, WETS G, BRIJS T, et al., 2006. Ranking and selecting dangerous crash locations: Correcting for the number of passengers and bayesian ranking plots[J]. Journal of Safety Research, 37(1):83-91.

GOODALL N J, 2017. Probability of secondary crash occurrence on freeways with the use of private-sector speed data[J]. Transportation Research Record: Journal of the Transportation Research Board, 2635(1):11-18.

GREEN E R, PIGMAN J G, WALTON J R, et al., 2012. Identification of secondary crashes and recommended countermeasures to ensure more accurate documentation[C]//Transportation Research Board 91st Annual Meeting. Washington, D.C., United States: National Academy of Sciences.

GUROBI, 2018. Gurobi optimizer reference manual[M]. United States: Gurobi Optimization, LLC.

HAO P, BAN X, 2015. Long queue estimation for signalized intersections using mobile data[J]. Transportation Research Part B, 82:54-73.

HAO P, BAN X J, GUO D, et al., 2014. Cycle-by-cycle intersection queue length distribution estimation using sample travel times[J]. Transportation Research Part B, 68:185-204.

HELLINGA B, IZADPANAH P, TAKADA H, et al., 2008. Decomposing travel times measured by probe-based traffic monitoring systems to individual road segments[J]. Transportation Research Part C, 16(6):768-782.

HEYDECKER B, 1994. Incidents and intervention on freeways[R]. United States: Institute of Transportation Studies at UC Berkeley.

HIRUNYANITIWATTANA W, MATTINGLY S P, 2006. Identifying secondary crash characteristics for California highway system[C]//Transportation Research Board. Transportation Research Board 85th Annual Meeting. Washington, D.C., United States: National Academy of Sciences.

HOFLEITNER A, HERRING R, BAYEN A, 2012. Arterial travel time forecast with streaming data: A hybrid approach of flow modeling and machine learning [J]. Transportation Research Part B, 46(9):1097-1122.

HOJATI A T, FERREIRA L, WASHINGTON S, et al., 2016. Modelling the impact of traffic incidents on travel time reliability[J]. Transportation Research Part C, 65:49-60.

HUANG T, WANG S, SHARMA A, 2020. Highway crash detection and risk estimation using deep learning[J]. Accident Analysis & Prevention, 135:105392.

IBM, 2012. IBM ILOG CPLEX 12.5 user's manual[Z]. United States: IBM Corporation.

IMPRIALOU M I M, ORFANOU F P, VLAHOGIANNI E I, et al., 2014a. Methods for defining spatiotemporal influence areas and secondary incident detection in freeways[J]. Journal of Transportation Engineering, 140(1):70-80.

IMPRIALOU M I M, QUDDUS M, PITFIELD D E, 2014b. High accuracy crash mapping using fuzzy logic[J]. Transportation Research Part C, 42:107-120.

IMPRIALOU M I M, QUDDUS M, PITFIELD D E, 2015. Multilevel logistic regression modeling for crash mapping in metropolitan areas[J]. Transportation Research Record: Journal of the Transportation Research Board, 2514(1):39-47.

IMPRIALOU M, QUDDUS M, 2019. Crash data quality for road safety research: Current state and future directions[J]. Accident Analysis & Prevention, 130: 84-90.

JALAYER M, BARATIAN-GHORGHI F, ZHOU H, 2015. Identifying and characterizing secondary crashes on the Alabama state highway systems[J]. Advances in Transportation Studies, 37:129-140.

KARLAFTIS M G, LATOSKI S P, RICHARDS N J, et al., 1999. Its impacts on safety and traffic management: An investigation of secondary crash causes[J]. Journal of Intelligent Transportation Systems, 5(1):39-52.

KHATTAK A, WANG X, ZHANG H, 2009. Are incident durations and secondary incidents interdependent?[J]. Transportation Research Record: Journal of the Transportation Research Board, 2099(1):39-49.

LEVINE N, KIM K E, NITZ L H, 1995. Spatial analysis of Honolulu motor vehicle crashes: I. Spatial patterns[J]. Accident Analysis & Prevention, 27(5):663-674.

LIGHTHILL M J, WHITHAM G, 1955. On kinematic waves i. flood movement in long rivers[J]. Proceedings of the Royal Society of London. Series A. Mathematical and Physical Sciences, 229(1178):281-316.

LIU H X, MA W, 2009. A virtual vehicle probe model for time-dependent travel time estimation on signalized arterials[J]. Transportation Research Part C, 17 (1):11-26.

LIU H X, WU X, MA W, et al., 2009. Real-time queue length estimation for congested signalized intersections[J]. Transportation Research Part C, 17(4): 412-427.

LIU X, CAI H, ZHONG R, et al., 2020. Learning traffic as images for incident detection using convolutional neural networks[J]. IEEE Access, 8:7916-7924.

LOO B P, 2006. Validating crash locations for quantitative spatial analysis: A GIS-based approach[J]. Accident Analysis & Prevention, 38(5):879-886.

LORD D, MANNERING F, 2010. The statistical analysis of crash-frequency data: A review and assessment of methodological alternatives[J]. Transportation Research Part A, 44(5):291-305.

MARTIN B V, WOHL M, 1967. Traffic system analysis for engineers and planners

[M]. United States: McGraw-Hill.

MATLAB, 2015. MATLAB (R2015b) user's manual[Z]. United States: The Mathworks, Inc.

MICHALOPOULOS P G, STEPHANOPOULOS G, STEPHANOPOULOS G, 1981. An application of shock wave theory to traffic signal control[J]. Transportation Research Part B, 15(1):35-51.

MISHRA S, GOLIAS M, SARKER A, et al., 2016. Effect of primary and secondary crashes: Identification, visualization, and prediction[R]. United States: Department of Transportation.

MONSERE C M, BERTINI R L, BOSA P G, et al., 2006. Comparison of identification and ranking methodologies for speed-related crash locations[R]. United States: Oregon Department of Transportation.

MOORE J E, GIULIANO G, CHO S, 2004. Secondary accident rates on los angeles freeways[J]. Journal of Transportation Engineering, 130(3):280-285.

NEWELL G F, 1965. Approximation methods for queues with application to the fixed-cycle traffic light[J]. Siam Review, 7(2):223-240.

NOLAND R B, QUDDUS M A, 2005. Congestion and safety: A spatial analysis of London[J]. Transportation Research Part A, 39(7):737-754.

OWENS N, ARMSTRONG A, SULLIVAN P, et al., 2010. Traffic incident management handbook[R]. United States: Federal Highway Administration.

OWENS N D, ARMSTRONG A H, MITCHELL C, et al., 2009. Federal highway administration focus states initiative: traffic incident management performance measures final report[R]. United States: Federal Highway Administration.

PARK H, HAGHANI A, 2016a. Real-time prediction of secondary incident occurrences using vehicle probe data[J]. Transportation Research Part C, 70:69-85.

PARK H, HAGHANI A, 2016b. Use of clustering model and adjusted boxplot model for identification of secondary incidents[C]//Transportation Research Board. Transportation Research Board 95th Annual Meeting. Washington, D.C., United States: National Academy of Sciences.

PARK H, GAO S, HAGHANI A, 2017. Sequential interpretation and prediction of secondary incident probability in real time[C]//Transportation Research Board. Transportation Research Board 96th Annual Meeting. Washington, D.C., United States: National Academy of Sciences.

PARK H, HAGHANI A, SAMUEL S, et al., 2018. Real-time prediction and avoidance of secondary crashes under unexpected traffic congestion[J]. Accident Analysis & Prevention, 112:39-49.

PARMAR D, GORE N, RATHVA D, et al., 2020. Modelling queuing of vehicles at signalized intersection[J]. Transportation Research:557-565.

QIN X, PARKER S, LIU Y, et al., 2013. Intelligent geocoding system to locate traffic crashes[J]. Accident Analysis & Prevention, 50:1034-1041.

RAMEZANI M, GEROLIMINIS N, 2015. Queue profile estimation in congested urban networks with probe data[J]. Computer-Aided Civil and Infrastructure Engineering, 30(6):414-432.

RAUB R, 1997. Occurrence of secondary crashes on urban arterial roadways[J]. Transportation Research Record: Journal of the Transportation Research Board, 1581(1):53-58.

RICHARDS P I, 1956. Shock waves on the highway[J]. Operations Research, 4(1): 42-51.

SARKER A A, NAIMI A, MISHRA S, et al., 2015. Development of a secondary crash identification algorithm and occurrence pattern determination in large scale multi-facility transportation network[J]. Transportation Research Part C, 60:142-160.

SARKER A A, PALETI R, MISHRA S, et al., 2017. Prediction of secondary crash frequency on highway networks[J]. Accident Analysis & Prevention, 98:108-117.

SEO T, KUSAKABE T, GOTOH H, et al., 2017. Interactive online machine learning approach for activity-travel survey[J]. Transportation Research Part B, 123:362-373.

SHAH S R, KNOOP V L, HOOGENDOORN S P, 2015. Driver heterogeneity in rubbernecking behaviour at an incident site[M]//CHRAIBI, BOLTES M, SCHADSCHNEIDER M, et al. Traffic and Granular Flow'13. Germany: Springer: 533-539.

SHARMA A, BULLOCK D M, BONNESON J A, 2007. Input–output and hybrid techniques for real-time prediction of delay and maximum queue length at signalized intersections[J]. Transportation Research Record: Journal of the Transportation Research Board, 2035(1):69-80.

SHIVELY T S, KOCKELMAN K, DAMIEN P, 2010. A Bayesian semi-parametric model to estimate relationships between crash counts and roadway characteristics[J]. Transportation Research Part B, 44(5):699-715.

SKABARDONIS A, GEROLIMINIS N, 2008. Real-time monitoring and control on signalized arterials[J]. Journal of Intelligent Transportation Systems, 12(2): 64-74.

SKABARDONIS A, GEROLIMINIS N, CHRISTOFA E, 2013. Prediction of vehicle activity for emissions estimation under oversaturated conditions along signalized arterials[J]. Journal of Intelligent Transportation Systems, 17(3):191-199.

SNELDER M, BAKRI T, VAN AREM B, 2013. Delays caused by incidents: Data-driven approach[J]. Transportation Research Record: Journal of the Transportation Research Board, 2333(1):1-8.

STRONG D W, NAGUI R, COURAGE K, 2006. New calculation method for existing and extended HCM delay estimation procedure[C]//Transportation Research Board. Transportation Research Board 87th Annual Meeting. Washington, D.C., United States: National Academy of Sciences.

SUN C C, CHILUKURI V, 2007. Secondary accident data fusion for assessing long-term performance of transportation systems[R]. Iowa, United States: Center for Transportation Research and Education.

SUN C C, CHILUKURI V, 2010. Dynamic incident progression curve for classifying secondary traffic crashes[J]. Journal of Transportation Engineering, 136(12): 1153-1158.

SUN Z, BAN X J, 2013. Vehicle trajectory reconstruction for signalized intersections using mobile traffic sensors[J]. Transportation Research Part C, 36: 268-283.

SUN Z, HAO P, BAN X J, et al., 2015. Trajectory-based vehicle energy/emissions estimation for signalized arterials using mobile sensing data[J]. Transportation Research Part D, 34:27-40.

SYSTEMATICS C, 2007. NGSIM peachtree street (Atlanta) data analysis[M]. United States: Federal Highway Administration.

TARKO A, THOMAZ J, GRANT D, 2009. Probabilistic determination of crash locations in a road network with imperfect data[J]. Transportation Research Record: Journal of the Transportation Research Board, 2102(1):76-84.

TENG H, MASINICK J P, et al., 2004. An analysis on the impact of rubbernecking on urban freeway traffic.[R]. United States: Center for Transportation Studies, University of Virginia.

TIAN J, TREIBER M, MA S, et al., 2015. Microscopic driving theory with oscillatory congested states: Model and empirical verification[J]. Transportation Research Part B, 71:138-157.

TIAN J, LI G, TREIBER M, et al., 2016a. Cellular automaton model simulating spatiotemporal patterns, phase transitions and concave growth pattern of oscillations in traffic flow[J]. Transportation Research Part B, 93:560-575.

TIAN Y, CHEN H, TRUONG D, 2016b. A case study to identify secondary crashes on Interstate Highways in Florida by using Geographic Information Systems (GIS)[J]. Advances in Transportation Studies, 2:103-112.

TIAPRASERT K, ZHANG Y, WANG X B, et al., 2015. Queue length estima-

tion using connected vehicle technology for adaptive signal control[J]. IEEE
Transactions on Intelligent Transportation Systems, 16(4):2129-2140.

VIGOS G, PAPAGEORGIOU M, WANG Y, 2008. Real-time estimation of vehicle-
count within signalized links[J]. Transportation Research Part C, 16(1):18-35.

VLAHOGIANNI E I, KARLAFTIS M G, ORFANOU F P, 2012. Modeling the
effects of weather and traffic on the risk of secondary incidents[J]. Journal of
Intelligent Transportation Systems, 16(3):109-117.

WANG C, QUDDUS M A, ISON S G, 2009. Impact of traffic congestion on road
accidents: A spatial analysis of the M25 motorway in England[J]. Accident
Analysis & Prevention, 41(4):798-808.

WANG C, QUDDUS M, ISON S, 2013. A spatio-temporal analysis of the impact
of congestion on traffic safety on major roads in the UK[J]. Transportmetrica
A: Transport Science, 9(2):124-148.

WANG J, LIU B, ZHANG L, et al., 2016. Modeling secondary accidents identified
by traffic shock waves[J]. Accident Analysis & Prevention, 87:141-147.

WANG J, LIU B, FU T, et al., 2019. Modeling when and where a secondary
accident occurs[J]. Accident Analysis & Prevention, 130:160-166.

WANG Z, QI X, JIANG H, 2018. Estimating the spatiotemporal impact of traffic
incidents: An integer programming approach consistent with the propogation of
shockwaves[J]. Transporation Research Part B, 111(12):356-369.

WEBSTER F V, 1958. Traffic signal settings[R]. United Kingdom: Road Research
Lab.

WIRASINGHE S C, 1978. Determination of traffic delays from shock-wave analysis
[J]. Transportation Research, 12(5):343-348.

WU X, LIU H X, 2011. A shockwave profile model for traffic flow on congested
urban arterials[J]. Transportation Research Part B, 45(10):1768-1786.

XIE X, VAN LINT H, Verbraeck A, 2018. A generic data assimilation framework
for vehicle trajectory reconstruction on signalized urban arterials using particle
filters[J]. Transportation Research Part C, 92:364-391.

YANG H, BARTIN B, OZBAY K, 2013a. Investigating the characteristics of sec-
ondary crashes on freeways[C]//Transportation Research Board. Transportation
Research Board 92nd Annual Meeting. Washington, D.C., United States: Na-
tional Academy of Sciences.

YANG H, BARTIN B, OZBAY K, 2013b. Mining the characteristics of secondary
crashes on highways[J]. Journal of Transportation Engineering, 140(4):04013024.

YANG H, BARTIN B, OZBAY K, 2013. Use of sensor data to identify secondary
crashes on freeways[J]. Transportation Research Record: Journal of the Trans-

portation Research Board, 2396(1):82-92.

YANG H, OZBAY K, MORGUL E, et al., 2014a. Development of online scalable approach for identifying secondary crashes[J]. Transportation Research Record: Journal of the Transportation Research Board, 2470(1):24-33.

YANG H, OZBAY K, XIE K, 2014b. Assessing the risk of secondary crashes on highways[J]. Journal of Safety Research, 49:143-149.

YANG H, WANG Z, XIE K, 2017a. Impact of connected vehicles on mitigating secondary crash risk[J]. International Journal of Transportation Science and Technology, 6(3):196-207.

YANG H, WANG Z, XIE K, et al., 2017b. Use of ubiquitous probe vehicle data for identifying secondary crashes[J]. Transportation Research Part C, 82:138-160.

YANG H, WANG Z, XIE K, et al., 2018. Methodological evolution and frontiers of identifying, modeling and preventing secondary crashes on highways[J]. Accident Analysis & Prevention, 117:40-54.

ZANDBERGEN P A, 2008. A comparison of address point, parcel and street geocoding techniques[J]. Computers, Environment and Urban Systems, 32(3): 214-232.

ZHAN C, SHEN L, HADI M A, et al., 2008. Understanding the characteristics of secondary crashes on freeways[C]//Transportation Research Board. Transportation Research Board 87th Annual Meeting. Washington, D.C., United States: National Academy of Sciences.

ZHAN C, GAN A, HADI M, 2009. Identifying secondary crashes and their contributing factors[J]. Transportation Research Record: Journal of the Transportation Research Board, 2102(1):68-75.

ZHANG H, KHATTAK A, 2010. What is the role of multiple secondary incidents in traffic operations?[J]. Journal of Transportation Engineering, 136(11):986-997.

ZHAO Y, ZHENG J, WONG W, et al., 2019. Various methods for queue length and traffic volume estimation using probe vehicle trajectories[J]. Transportation Research Part C, 107:70-91.

ZHENG D, CHITTURI M V, BILL A R, et al., 2014. Secondary crash identification on a large-scale highway system[C]//Transportation Research Board. Transportation Research Board 93rd Annual Meeting. Washington, D.C., United States: National Academy of Sciences.

附录 A 第 5 章中数值实验部分的相关数据与结果

第 5 章中的数值实验部分以第 1~13 起交通事故为例,分别展示了这 13 起交通事故的具体信息及所建模型对这 13 起交通事故的事发时间和位置修改的结果。第 14~65 起交通事故的具体信息及模型对这 52 起交通事故的事发时间和位置修改的结果分别如表 A.1 和表 A.2 所示。

表 A.1 事故报告中记录的事故信息

编号	事发时间	事发位置	事故详情
14	2016-04-20 18:31	北三环北太平庄邮局	小轿车 A 与小轿车 B、小客车 C 追尾,无人伤,已挪车
15	2016-04-21 17:48	北三环主路马甸桥东侧国美电器门前	小轿车与出租车剐撞,无人伤
16	2016-04-22 13:29	北三环中路伦洋大厦	小轿车 A 与小轿车 B 剐撞,无人伤
17	2016-04-25 15:39	四通桥东侧北三环西路 101 路公交汽车站	小轿车 A 与小轿车 B 剐撞,报警人称无人伤
18	2016-04-26 15:58	海淀北三环西路双天大厦	小轿车 A 与小轿车 B 剐撞,无人伤
19	2016-04-30 12:29	北三环中路北太平庄国美电器	小轿车 A 与小轿车 B 剐撞,无人伤
20	2016-04-02 11:05	西三环北路为公桥	面包车与电动车剐撞,报警人称一人伤,不需急救
21	2016-04-09 10:09	西三环主路北京电视台	小轿车 A 与小轿车 B 剐撞,报警人称无人伤,已告知标划现场挪车

编号	事发时间	事发位置	事故详情
22	2016-04-09 10:19	西三环北路为公桥南侧	小轿车 A 与小轿车 B 追尾，报警人称无人伤，已告知标划现场挪车
23	2016-04-10 17:10	西三环主路万寿寺出口	小轿车 A 与小轿车 B 剐撞，无人伤
24	2016-04-11 13:01	西三环北路北京外国语大学前	小轿车与面包车剐撞，报警人称无人伤，已告知标划现场挪车
25	2016-04-12 09:48	西三环中路万发大厦	公交车与小轿车剐撞，报警人称无人伤，双方已挪车
26	2016-04-12 09:53	西三环主路花园桥地铁站	小轿车 A 与小轿车 B 剐撞，无人伤
27	2016-04-12 14:52	西三环主路中央电视塔	小轿车 A 与小轿车 B、小轿车 C 追尾，无人伤
28	2016-04-13 16:17	西三环北路国际财经中心	小轿车与快递车剐撞，报警人称无人伤
29	2016-04-14 18:08	西三环主路公主坟桥南侧	公交车与小轿车剐撞，报警人称无人伤
30	2016-04-14 19:18	西三环主路海育大厦	小轿车与电动车剐撞，报警人称有 1 人伤
31	2016-04-15 06:50	西三环北路中国邮政储蓄银行	小轿车 A 与小轿车 B 剐撞，报警人称无人伤，已告知标划现场挪车
32	2016-04-25 14:25	西三环主路莲花桥南侧	小轿车 A 与小轿车 B 追尾，无人伤
33	2016-04-26 12:13	西三环主路北京外国语大学	小轿车 A 与小轿车 B 剐撞，报警人称无人伤，已告知标划现场挪车
34	2016-04-27 16:09	西三环主路北京电视台	小轿车 A 与小轿车 B 剐撞，报警人称无人伤，占用最外侧车道
35	2016-04-29 18:36	西三环主路兴海大厦	小轿车 A 与小轿车 B 剐撞，报警人称无人伤
36	2016-04-30 15:00	西三环主路航天桥南侧	小轿车 A 与小轿车 B 剐撞，报警人称无人伤，已告知标划现场
37	2016-04-10 09:54	南三环主路东铁营桥	小轿车 A 与小轿车 B 剐撞，无人伤

编号	事发时间	事发位置	事故详情
38	2016-04-17 17:16	南三环主路凯德购物中心	小轿车 A 与小轿车 B 剐撞，报警人称 1 人伤
39	2016-04-17 19:33	南三环主路方庄路出口	小轿车 A 与小轿车 B 剐撞，报警人称无人伤
40	2016-04-21 07:43	南三环东路物美超市	小轿车与电动车剐撞，报警人称无人伤
41	2016-04-22 12:54	南三环主路方庄桥	小轿车 A 与小轿车 B 剐撞，报警人称无人伤
42	2016-04-26 09:54	南三环东路金三环宾馆	电动车与白色小客车剐撞，报警人称有人伤
43	2016-04-27 12:41	南三环中路西罗园路出口	小轿车与电动车剐撞，报警人称 1 人伤
44	2016-04-30 12:35	南三环东路芳古路出口	小轿车 A 与小轿车 B 剐撞，无人伤
45	2016-04-01 18:05	东三环主路财富中心	小轿车 A 与小轿车 B 剐撞，报警人称无人伤。
46	2016-04-02 09:11	东三环主路西坝河南路出口	小轿车 A 与小轿车 B 追尾，报警人称无人伤，占用一条车道
47	2016-04-06 19:02	东三环京广桥	小轿车 A 与小轿车 B 剐撞，报警人称无人伤
48	2016-04-07 10:17	东三环主路中国作家出版社	小轿车 A 与小轿车 B(使馆车辆) 剐撞，无人伤
49	2016-04-07 12:41	东三环国贸大厦	小轿车 A 与小轿车 B 追尾，报警人称无人伤
50	2016-04-07 14:46	东三环中路富尔大厦	小轿车 A 与小轿车 B 剐撞，报警人称无人伤，已经挪车
51	2016-04-08 14:51	东三环北路汇新写字楼	公交车与小轿车剐撞，报警人称无人伤
52	2016-04-08 16:03	东三环中央广播电视总台	小轿车 A 与小轿车 B 剐撞，无人伤，已告知标划现场挪车
53	2016-04-09 13:40	东三环中路通惠河北路出口	公交车与小轿车剐撞，报警人称无人伤

续表

编号	事发时间	事发位置	事故详情
54	2016-04-11 08:52	东三环北路 SOHO 嘉盛中心	小轿车 A 与小轿车 B 剐撞，报警人称 1 人受伤，不需急救
55	2016-04-11 17:10	东三环中路双花园 2 号楼	大客车与小轿车剐撞，报警人称无人伤
56	2016-04-12 17:49	东三环北路白家庄路出口	小轿车 A 与小轿车 B 剐撞，报警人称无人伤
57	2016-04-12 18:30	东三环天硕环球商贸大厦	小轿车 A 与小轿车 B 剐撞，报警人称无人伤
58	2016-04-18 10:51	东三环主路双井桥	小轿车 A 与小轿车 B 剐撞，报警人称无人伤，已告知标划现场挪车
59	2016-04-21 09:18	东三环南路劲松路出口	公共汽车与电动车剐撞，报警人称无人伤
60	2016-04-21 09:35	东三环主路京广桥	小轿车 A 与小轿车 B 剐撞，报警人称无人伤，占用一条车道
61	2016-04-21 13:17	东三环主路京汇大厦	小轿车 A 与小轿车 B 追尾，报警人称无人伤
62	2016-04-22 16:25	东三环南路联合国际大厦	小轿车 A 与小轿车 B 剐撞，无人伤
63	2016-04-25 09:29	东三环北路康莱德酒店	小轿车 A 与小轿车 B 剐撞，报警人称无人伤
64	2016-04-28 14:52	东三环南路首都图书馆	小轿车 A 与小轿车 B 剐撞，报警人称无人伤
65	2016-04-28 16:11	东三环燕莎桥友谊商城	小轿车 A 与小轿车 B 剐撞，报警人称无人伤，已挪车

表 A.2　根据本书的模型得到的结果与事故报告中所记录的信息之间的对比

1	2	3	4	5	6	7	8	9	10	11	12	13	14	15	16	17	18
编号	真实值			事故报告			本书模型			偏差 事故报告 vs. 真实值			偏差 本书模型 vs. 真实值			偏差降幅 /%	
	事发时间	行驶方向	事发位置 距离/km	事发时间	事发位置 行驶方向	距离/km	事发时间	行驶方向	事发位置 距离/km	事发时间/min	事发位置 行驶方向	距离/km	事发时间/min	事发位置 行驶方向	距离/km	时间	距离
14	2016-04-20 18:23	WB	5.213	2016-04-20 18:31	WB	5.057	2016-04-20 18:20	WB	5.250	8.0	√	0.156	3.0	√	0.037	62.50	76.28
15	2016-04-21 17:44	WB	4.753	2016-04-21 17:48	WB	4.932	2016-04-21 17:45	WB	4.650	4.0	√	0.179	1.0	√	0.103	75.00	42.46
16	2016-04-22 13:24	WB	4.225	2016-04-22 13:29	EB	4.338	2016-04-22 13:25	WB	4.250	5.0	×	0.113	1.0	√	0.025	80.00	77.88
17	2016-04-25 15:34	WB	9.826	2016-04-25 15:39	EB	9.770	2016-04-25 15:30	WB	9.850	5.0	×	0.056	2.0	√	0.024	60.00	57.14
18	2016-04-26 15:52	EB	9.457	2016-04-26 15:58	EB	9.341	2016-04-26 15:50	EB	9.450	6.0	√	0.116	2.0	√	0.007	66.67	93.97
19	2016-04-30 12:19	WB	6.658	2016-04-30 12:29	EB	6.542	2016-04-30 12:20	WB	6.650	10.0	×	0.116	1.0	√	0.008	90.00	93.10
20	2016-04-02 11:01	SB	11.482	2016-04-02 11:05	NB	11.321	2016-04-02 11:00	SB	11.450	4.0	×	0.161	1.0	√	0.032	75.00	80.12
21	2016-04-09 10:01	NB	11.327	2016-04-09 10:09	SB	11.226	2016-04-09 10:00	NB	11.350	8.0	×	0.101	1.0	√	0.023	87.50	77.23
22	2016-04-09 10:13	SB	11.536	2016-04-09 10:19	NB	11.321	2016-04-09 10:15	SB	11.550	6.0	×	0.215	2.0	√	0.014	66.67	93.49
23	2016-04-10 17:02	NB	12.429	2016-04-10 17:10	NB	12.687	2016-04-10 17:05	NB	12.450	8.0	√	0.258	3.0	√	0.021	62.50	91.86

续表

1	真实值			事故报告			本书模型			偏差							偏差降幅/%	
编号	事发时间	事发位置行驶方向	事发位置距离/km	事发时间	事发位置行驶方向	事发位置距离/km	事发时间	事发位置行驶方向	事发位置距离/km	事故报告 vs. 真实值 事发时间/min	事故报告 vs. 真实值 事发位置行驶方向	事故报告 vs. 真实值 距离/km	本书模型 vs. 真实值 事发时间/min	本书模型 vs. 真实值 事发位置行驶方向	本书模型 vs. 真实值 距离/km	时间	距离
	2	3	4	5	6	7	8	9	10	11	12	13	14	15	16	17	18
24	2016-04-11 12:51	NB	12.380	2016-04-11 13:01	NB	12.168	2016-04-11 12:50	NB	12.350	10.0	√	0.212	1.0	√	0.030	90.00	85.85
25	2016-04-12 09:39	SB	17.061	2016-04-12 09:48	NB	17.236	2016-04-12 09:40	SB	17.050	9.0	×	0.175	1.0	√	0.011	88.89	93.71
26	2016-04-12 09:49	NB	14.072	2016-04-12 09:53	SB	14.209	2016-04-12 09:50	NB	14.050	4.0	×	0.137	1.0	√	0.022	75.00	83.94
27	2016-04-12 14:47	SB	15.428	2016-04-12 14:52	SB	15.286	2016-04-12 14:45	SB	15.450	5.0	√	0.142	2.0	√	0.022	60.00	84.51
28	2016-04-13 16:12	NB	15.165	2016-04-13 16:17	SB	14.918	2016-04-13 16:10	NB	15.150	5.0	×	0.247	2.0	√	0.015	60.00	93.93
29	2016-04-14 18:01	SB	17.186	2016-04-14 18:08	SB	17.024	2016-04-14 18:00	SB	17.150	7.0	√	0.162	1.0	√	0.036	85.71	77.78
30	2016-04-14 19:07	NB	16.760	2016-04-14 19:18	NB	16.835	2016-04-14 19:05	NB	16.750	11.0	√	0.075	2.0	√	0.010	81.82	86.67
31	2016-04-15 06:41	NB	11.158	2016-04-15 06:50	SB	11.297	2016-04-15 06:40	NB	11.150	9.0	×	0.139	1.0	√	0.008	88.89	94.24
32	2016-04-25 14:17	SB	17.912	2016-04-25 14:25	NB	17.683	2016-04-25 14:20	SB	17.950	8.0	×	0.229	3.0	√	0.038	62.50	83.41
33	2016-04-26 12:07	NB	12.059	2016-04-26 12:13	NB	12.168	016-04-26 12:05	NB	12.050	6.0	√	0.109	2.0	√	0.009	66.67	91.74

续表

编号	真实值			事故报告			本书模型			偏差 事故报告 vs. 真实值			偏差 本书模型 vs. 真实值			偏差降幅/%	
	事发时间	事发位置		事发时间	事发位置		事发时间	事发位置		事发时间/min	事发位置		事发时间/min	事发位置		时间	距离
		行驶方向	距离/km		行驶方向	距离/km		行驶方向	距离/km		行驶方向	距离/km		行驶方向	距离/km		
1	2	3	4	5	6	7	8	9	10	11	12	13	14	15	16	17	18
34	2016-04-27 16:01	NB	11.135	2016-04-27 16:09	SB	11.226	2016-04-27 16:00	NB	11.150	8.0	×	0.091	1.0	√	0.015	87.50	83.52
35	2016-04-29 18:32	SB	18.527	2016-04-29 18:36	SB	18.740	2016-04-29 18:30	SB	18.550	4.0	√	0.213	2.0	√	0.023	50.00	89.20
36	2016-04-30 14:51	NB	15.216	2016-04-30 15:00	NB	15.063	2016-04-30 14:50	NB	15.250	9.0	√	0.153	1.0	√	0.034	88.89	77.78
37	2016-04-10 09:49	WB	32.867	2016-04-10 09:54	WB	32.973	2016-04-10 09:50	WB	32.850	5.0	√	0.106	1.0	√	0.017	80.00	83.96
38	2016-04-17 17:07	WB	28.019	2016-04-17 17:16	EB	27.826	2016-04-17 17:05	WB	28.050	9.0	×	0.193	2.0	√	0.031	77.78	83.94
39	2016-04-17 19:27	EB	33.568	2016-04-17 19:33	WB	33.702	2016-04-17 19:30	EB	33.550	6.0	×	0.134	3.0	√	0.018	50.00	86.57
40	2016-04-21 07:38	EB	34.225	2016-04-21 07:43	WB	34.421	2016-04-21 07:40	EB	34.250	5.0	×	0.196	2.0	√	0.025	60.00	87.24
41	2016-04-22 12:47	WB	33.93	2016-04-22 12:54	WB	33.764	2016-04-22 12:45	WB	33.950	7.0	×	0.166	2.0	√	0.020	71.43	87.95
42	2016-04-26 09:43	EB	29.984	2016-04-26 09:54	EB	30.139	2016-04-26 09:45	EB	29.950	11.0	√	0.155	2.0	√	0.034	81.82	78.06
43	2016-04-27 12:32	WB	30.176	2016-04-27 12:41	WB	29.964	2016-04-27 12:30	WB	30.150	9.0	√	0.212	2.0	√	0.026	77.78	87.74

续表

1	真实值			事故报告			本书模型			偏差							偏差降幅/%	
										事故报告 vs. 真实值			本书模型 vs. 真实值					
编号	事发时间	行驶方向	距离/km	事发时间	行驶方向	距离/km	事发时间	行驶方向	距离/km	事发时间/min	事发行驶方向	距离/km	事发时间/min	事发行驶方向	距离/km	时间	距离
	2	3	4	5	6	7	8	9	10	11	12	13	14	15	16	17	18
44	2016-04-30 12:29	WB	33.432	2016-04-30 12:35	WB	33.563	2016-04-30 12:30	WB	33.450	6.0	✓	0.131	1.0	✓	0.018	83.33	86.26
45	2016-04-01 18:01	SB	41.031	2016-04-01 18:05	SB	41.127	2016-04-01 18:00	SB	41.050	4.0	✓	0.096	1.0	✓	0.019	75.00	80.21
46	2016-04-02 09:06	SB	47.126	2016-04-02 09:11	NB	47.236	2016-04-02 09:05	SB	47.150	5.0	×	0.110	1.0	✓	0.024	80.00	78.18
47	2016-04-06 18:56	NB	41.175	2016-04-06 19:02	NB	41.384	2016-04-06 18:55	NB	41.150	6.0	✓	0.209	1.0	✓	0.025	83.33	88.04
48	2016-04-07 10:12	SB	43.229	2016-04-07 10:17	NB	43.059	2016-04-07 10:10	SB	43.250	5.0	×	0.170	2.0	✓	0.021	60.00	87.65
49	2016-04-07 12:33	SB	40.780	2016-04-07 12:41	SB	40.613	2016-04-07 12:30	SB	40.750	8.0	✓	0.167	3.0	✓	0.030	62.50	82.04
50	2016-04-07 14:37	NB	40.636	2016-04-07 14:46	SB	40.840	2016-04-07 14:35	NB	40.650	9.0	×	0.204	2.0	✓	0.014	77.78	93.14
51	2016-04-08 14:47	SB	42.219	2016-04-08 14:51	SB	42.056	2016-04-08 14:45	SB	42.250	4.0	✓	0.163	2.0	✓	0.031	50.00	80.98
52	2016-04-08 15:52	NB	41.164	2016-04-08 16:03	NB	41.031	2016-04-08 15:50	NB	41.150	11.0	✓	0.133	2.0	✓	0.014	81.82	89.47
53	2016-04-09 13:36	SB	39.760	2016-04-09 13:40	NB	39.875	2016-04-09 13:35	SB	39.750	4.0	×	0.115	1.0	✓	0.010	75.00	91.30

续表

1	2	3	4	5	6	7	8	9	10	11	12	13	14	15	16	17	18
编号	真实值			事故报告			本书模型			偏差							偏差降幅/%	
	事发时间	事发位置		事发时间	事发位置		事发时间	事发位置		事故报告 vs. 真实值			本书模型 vs. 真实值			时间	距离
		行驶方向	距离/km		行驶方向	距离/km		行驶方向	距离/km	事发时间/min	事发位置		事发时间/min	事发位置			
											行驶方向	距离/km		行驶方向	距离/km		
54	2016-04-11 08:39	NB	42.893	2016-04-11 08:52	SB	42.648	2016-04-11 08:40	NB	42.850	13.0	×	0.245	1.0	√	0.043	92.31	82.45
55	2016-04-11 17:07	NB	39.617	2016-04-11 17:10	SB	39.780	2016-04-11 17:05	NB	39.650	3.0	×	0.163	2.0	√	0.033	33.33	79.75
56	2016-04-12 17:41	SB	42.380	2016-04-12 17:49	SB	42.267	2016-04-12 17:40	SB	42.350	8.0	√	0.113	1.0	√	0.030	87.50	73.45
57	2016-04-12 18:22	NB	42.105	2016-04-12 18:30	NB	42.332	2016-04-12 18:25	NB	42.150	8.0	√	0.227	3.0	√	0.045	62.50	80.18
58	2016-04-18 10:44	SB	38.584	2016-04-18 10:51	NB	38.763	2016-04-18 10:45	SB	38.550	7.0	×	0.179	1.0	√	0.034	85.71	81.01
59	2016-04-21 09:12	NB	38.172	2016-04-21 09:18	SB	38.056	2016-04-21 09:10	NB	38.150	6.0	×	0.116	2.0	√	0.022	66.67	81.03
60	2016-04-21 09:31	NB	41.571	2016-04-21 09:35	NB	41.384	2016-04-21 09:30	NB	41.550	4.0	√	0.187	1.0	√	0.021	75.00	88.77
61	2016-04-21 13:11	NB	40.386	2016-04-21 13:17	SB	40.215	2016-04-21 13:10	NB	40.350	6.0	×	0.171	1.0	√	0.036	83.33	78.95
62	2016-04-22 16:16	SB	36.309	2016-04-22 16:25	SB	36.209	2016-04-22 16:15	SB	36.350	9.0	√	0.100	1.0	√	0.041	88.89	59.00
63	2016-04-25 09:22	SB	42.365	2016-04-25 09:29	NB	42.162	2016-04-25 09:20	SB	42.350	7.0	×	0.203	2.0	√	0.015	71.43	92.61

续表

编号	真实值			事故报告			本书模型			偏差						偏差降幅/%	
										事故报告 vs. 真实值			本书模型 vs. 真实值				
	事发时间	事发位置		事发时间	事发位置		事发时间	事发位置		事发时间 /min	事发位置		事发时间 /min	事发位置		时间	距离
		行驶方向	距离/km		行驶方向	距离/km		行驶方向	距离/km		行驶方向	距离/km		行驶方向	距离/km		
1	2	3	4	5	6	7	8	9	10	11	12	13	14	15	16	17	18
64	2016-04-28 14:46	SB	36.221	2016-04-28 14:52	NB	36.358	2016-04-28 14:45	SB	36.250	6.0	×	0.137	1.0	√	0.029	83.33	78.83
65	2016-04-28 15:57	NB	45.568	2016-04-28 16:11	NB	45.436	2016-04-28 15:55	NB	45.550	14.0	√	0.132	2.0	√	0.018	85.71	86.36
平均值	—	—	—	—	—	—	—	—	—	7.3	—	0.156	1.6	—	0.024	78.08	84.62

附录 B   第 5 章中使用的符号和变量

B.1   参　　数

N　　　　可能的事发道路数目。

M　　　　分析时长中的时间间隔数目，所有事发道路上的数目相同。

J_n　　　　道路 n 上的路段数目，$\forall 1 \leqslant n \leqslant N$。

r　　　　以报告的事发位置为中心所画圆的半径。

n　　　　一条可能的事发道路。

j　　　　道路上的一个路段。

m　　　　分析时长中的一个时间间隔。

$s_{j,m,n}$　　在时间间隔 m，经过道路 n 上路段 j 的车辆速度，
　　　　　　$\forall 1 \leqslant j \leqslant J_n, 1 \leqslant m \leqslant M, 1 \leqslant n \leqslant N$。

$\bar{s}_{j,m,n}$　　无事故情况下 $s_{j,m,n}$ 的均值，$\forall 1 \leqslant j \leqslant J_n, 1 \leqslant m \leqslant M$,
　　　　　　$1 \leqslant n \leqslant N$。

$\sigma_{j,m,n}$　　无事故情况下 $s_{j,m,n}$ 的标准差，$\forall 1 \leqslant j \leqslant J_n, 1 \leqslant m \leqslant M$,
　　　　　　$1 \leqslant n \leqslant N$。

$\hat{s}_{j,m,n}$　　事故发生情况下 $s_{j,m,n}$ 的值，$\forall 1 \leqslant j \leqslant J_n, 1 \leqslant m \leqslant M$,
　　　　　　$1 \leqslant n \leqslant N$。

m^*　　　与报告的事发时间对应的时间间隔。

j_n^*　　　道路 n 上距报告的事发位置垂直距离最小的路段。

$P_{j,m,n}$　　根据式(5-1)确定的二元指示变量。

$\langle j, m \rangle$　　与时间间隔 m 和路段 j 对应的单元格，$\forall 1 \leqslant j \leqslant J_n$,
　　　　　　$1 \leqslant m \leqslant M$。

Θ　　　　限制最大时间范围的最少时间间隔数目。

Φ	限制最大空间范围的最少路段数目。
Λ^-	允许时间间隔 m^* 往之前时刻移动的时间间隔数目。
Λ^+	允许时间间隔 m^* 往之后时刻移动的时间间隔数目。
Δ_n^-	允许路段 j_n^* 向上游方向移动的路段数目，$\forall 1 \leqslant n \leqslant N$。
Δ_n^+	允许路段 j_n^* 向下游方向移动的路段数目，$\forall 1 \leqslant n \leqslant N$。
K	交通事故数目。
k	一起交通事故。
N^k	事故 k 可能的事发道路的数目，$\forall 1 \leqslant k \leqslant K$。
J_n^k	对于事故 k，道路 n 上的路段数目，$\forall 1 \leqslant n \leqslant N^k$, $1 \leqslant k \leqslant K$。
m^{k^*}	对于事故 k，与报告的事发时间对应的时间间隔，$\forall 1 \leqslant k \leqslant K$。
$j_n^{k^*}$	对于事故 k，道路 n 上距报告的事发位置垂直距离最小的路段，$\forall 1 \leqslant n \leqslant N^k, 1 \leqslant k \leqslant K$。
$P_{j,m,n}^k$	对于事故 k，根据式(5-1)确定的二元指示变量。

B.2 决 策 变 量

$\delta_{j,m,n}$	如果道路 n 上的单元格 $\langle j,m \rangle$ 真正受到事故的影响，取值为 1；反之，则为 0，$\forall 1 \leqslant j \leqslant J_n, 1 \leqslant m \leqslant M, 1 \leqslant n \leqslant N$。
$\gamma_{j,m,n}$	如果事故的影响起始于道路 n 上的单元格 $\langle j,m \rangle$，取值为 1；反之，则为 0，$\forall 1 \leqslant j \leqslant J_n, 1 \leqslant m \leqslant M, 1 \leqslant n \leqslant N$。
$\zeta_{j,m,n}$	如果事故的影响终止于道路 n 上的单元格 $\langle j,m \rangle$，取值为 1；反之，则为 0，$\forall 1 \leqslant j \leqslant J_n, 1 \leqslant m \leqslant M, 1 \leqslant n \leqslant N$。
$\delta_{j,m,n}^k$	如果道路 n 上的单元格 $\langle j,m \rangle$ 真正受到事故 k 的影响，取值为 1；反之，则为 0，$\forall 1 \leqslant j \leqslant J_n^k, 1 \leqslant m \leqslant M, 1 \leqslant n \leqslant N^k, 1 \leqslant k \leqslant K$。
$\gamma_{j,m,n}^k$	如果事故 k 的影响起始于道路 n 上的单元格 $\langle j,m \rangle$，取值为 1；反之，则为 0，$\forall 1 \leqslant j \leqslant J_n^k, 1 \leqslant m \leqslant M, 1 \leqslant n \leqslant N^k, 1 \leqslant k \leqslant K$。

$\zeta_{j,m,n}^k$　　　如果事故 k 的影响终止于道路 n 上的单元格 $\langle j,m\rangle$，取值为 1；反之，则为 0，$\forall 1 \leqslant j \leqslant J_n^k, 1 \leqslant m \leqslant M, 1 \leqslant n \leqslant N^k, 1 \leqslant k \leqslant K$。

附录 C　第 6 章中使用的符号和变量

C.1　参　　数

N	信号灯周期的数目。
K	时空拥堵区域的类型数目。
M	分析时长中的时间间隔数目。
J	道路上的路段数目。
I	GPS 数据点的数目。
n	一个信号灯周期。
k	一个时空拥堵区域类型。
m	分析时长中的一个时间间隔。
j	道路上的一个路段。
i	一个 GPS 数据点。
v_i	GPS 数据点 i 的速度，$\forall 1 \leqslant i \leqslant I$。
v_{th}	用于判断车辆处于正常行驶状态还是停车等待状态的速度阈值。
w_{f}	队列形成过程中交通波的速度。
w_{d}	队列消散过程中交通波的速度。
Δj_{f}	在时空拥堵区域的形成边界上，路段 j 向下游方向移动的路段数目，$\forall 1 \leqslant j \leqslant J$。
Δm_{f}	在时空拥堵区域的形成边界上，时间间隔 m 往之前时刻移动的时间间隔数目，$\forall 1 \leqslant m \leqslant M$。
Δj_{d}	在时空拥堵区域的消散边界上，路段 j 向下游方向移动的路段数目，$\forall 1 \leqslant j \leqslant J$。

$\Delta m_{\mathrm d}$　　　在时空拥堵区域的消散边界上，时间间隔 m 往之前时刻移动的时间间隔数目，$\forall 1 \leqslant m \leqslant M$。

$\langle j, m \rangle$　　　与时间间隔 m 和路段 j 对应的单元格，$\forall 1 \leqslant j \leqslant J$，$1 \leqslant m \leqslant M$。

P_i　　　根据式 (6-1) 确定的二元指示变量。

C.2　决　策　变　量

$\delta_{j,m,n}$　　　如果信号灯周期 n 中的单元格 $\langle j, m \rangle$ 被包括在时空拥堵区域中，取值为 1；反之，则为 0，$\forall 1 \leqslant j \leqslant J_n, 1 \leqslant m \leqslant M, 1 \leqslant n \leqslant N$。

$\tau_{j,m,k}$　　　如果单元格 $\langle j, m \rangle$ 被包括在类型为 k 的时空拥堵区域中，取值为 1；反之，则为 0，$\forall 1 \leqslant j \leqslant J_n, 1 \leqslant m \leqslant M, 1 \leqslant k \leqslant K$。

$z_{n,k}$　　　如果信号灯周期中的时空拥堵区域被分类为类型 k，取值为 1；反之，则为 0，$\forall 1 \leqslant n \leqslant N, 1 \leqslant k \leqslant K$。

在学期间发表的学术论文与获奖情况

发表的学术论文

[1] **WANG Z L**, JIANG H, 2019. Simultaneous correction of the time and location bias associated with a reported crash by exploiting the spatiotemporal evolution of travel speed[J]. Transportation Research Part B, 123: 199-223. (SCI 收录, DOI:10.1016/j.trb.2019.03.011，2019 年影响因子：4.796)

[2] **WANG Z L**, QI X, JIANG H, 2018. Estimating the spatiotemporal impact of traffic incidents: An integer programming approach consistent with the propagation of shockwaves[J]. Transportation Research Part B, 111: 356-369. (SCI 收录, DOI:10.1016/j.trb.2018.02.014，2019 年影响因子：4.796)

[3] **WANG Z L**, JIANG H, 2020. Identifying secondary crashes on freeways by leveraging the spatiotemporal evolution of shockwaves in the speed contour plot[J]. Journal of Transportation Engineering, Part A, 146(2): 04019072. (SCI 收录, DOI:10.1061/JTEPBS.0000292，2019 年影响因子：0.989)

[4] ZHENG Z J, **WANG Z L**, ZHU L Y, et al., 2019. Determinants of the congestion caused by a traffic accident in urban road networks[J]. Accident Analysis and Prevention, 136: 105327. (SSCI 收录, DOI:10.1016/j.aap.2019.105327，2019 年影响因子：3.655)

[5] CHEN Z, **WANG Z L**, JIANG H, 2019. Analyzing the heterogeneous impacts of high-speed rail entry on air travel in China: A hierarchical panel regression approach[J]. Transportation Research Part A, 127: 86-98. (SCI 收录, DOI:10.1016/j.tra.2019.07.004，2019 年影响因子：3.992)

获 奖 情 况

光华奖学金，2016 年，清华大学

社会实践优秀个人，2017 年，清华大学

NSK Sino-Japan Friendship Outstanding Paper，2018 年，清华大学-NSK

三菱重工奖学金，2018 年，清华大学

综合优秀一等奖学金，2018 年，清华大学

博士生国家奖学金，2019 年，清华大学

优秀博士学位论文，2020 年，清华大学

校优秀毕业生，2020 年，清华大学

北京市优秀毕业生，2020 年，北京市教育委员会

致　谢

感谢清华大学出版社对本书出版的大力支持！感谢李双双和黎强编辑在本书审校过程中付出的大量时间和心血！感谢国家自然科学基金青年基金项目 (72101012) 的支持！